Hermann J. Mürmann

Es lebe der Terrorist …
… mögen er und wir Erkenntnis erlangen

Edition Dharma Do
堂磨達

FSC
www.fsc.org
MIX
Papier aus verantwortungsvollen Quellen
Paper from responsible sources
FSC® C105338

Verlag
Edition Dharma Do
堂磨達

Nottuln 2015,

Texte und Gedichte bei
Hermann J. Mürmann
Art work Alexander Pekic

Layout und Gesamtherstellung
Edition Dharma Do
www.edition-dharma-do.de
ISBN 978-3-942811-02-6

Für alle, die es betrifft,
und
für alle, die glauben, es würde sie nicht betreffen

Der Mensch

Ich frage mich
wo finde ich den Menschen
baut er die Kriegsmaschinerie
nein, dort kann er nicht sein
zerstört er die Natur
nein, dies wird er nicht tun
ist er gewalttätig gegenüber Kindern
nein, in ihm selbst ist noch ein Kind
zerstört er sich selbst
nein, er ist ein göttliches Wesen
wo finde ich den Menschen
wo
lächelnd
gegenüber einem Fremden
träumend
auf einer Sommerwiese
geduldig
mit einem Kind an der Hand
lauschend
im Sommerwald
bewahrend
die lebendige Natur
achtsam
in seinem Tun
sich lebend
mit seinen schöpferischen Seiten
versunken

in heiterer Stille
liebend
im alltäglichen Sein
Oh ja,
dort finde ich den Menschen
Nein,
nicht nur dort
auch in den unsäglichen Leiden
die ER schafft.

Inhalt

Einleitung

Täglich hören oder sehen wir in den Nachrichten neue Terrorszenarien in den unterschiedlichsten Gebieten unserer Erde. Häufig liegen die Zentren des Terrors im Nahen Osten oder in Afrika. Seit Januar 2015 geschehen fürchterliche Attentate direkt vor unserer Haustür, wie in Paris, der Hauptstadt Frankreichs. Wir können uns dieser weltweiten dramatischen Entwicklung, die mit menschlichem Leid und der Angst, dass wir selbst Opfer werden könnten, nicht ganz entziehen. Tausende Menschen gehen auf die Straße, demonstrieren für oder gegen die Öffnung unserer Gesellschaft für Migranten. Menschen, die aus ihrem Kulturkreis kommend den Islam als ihre Religion verinnerlicht haben und manchmal schon seit Generationen hier in Deutschland/Europa leben und gut integriert sind, werden mit Terroristen, die den Islam für ihre Zwecke missbrauchen, in einen Topf geworfen. Muslime werden generalverdächtigt, es gibt Anschläge auf Moscheen und in unserer Gesellschaft besteht die Gefahr, dass wir Bürger uns, von rechtsgerichteten Gruppierungen instrumentalisieren lassen, die mit alten, überholten Vorurteilen daherkommen und Fremdenhass schüren. Der Dialog zwischen den Religionen könnte abgleiten in einen Krieg der Religionen.

Ich möchte Sie in diesem Buch mitnehmen, sich kritisch mit dem Thema Terrorismus, Gewalt und Krieg auseinanderzusetzen. Mein Wunsch an Sie ist, dass Sie sich mit meinen Gedanken und Vorstellungen auseinandersetzen und am Ende des Buches selbst zu einer inneren Haltung kommen, die allen Menschen gerecht wird.

In diesem Buch wechsle ich die Blickrichtungen, zeige Hintergründe für das menschliche Leid auf, versuche den Nährboden zu verdeutlichen, der Terrorismus begünstigt, frage Sie nach eigenem Umgang mit Gewalt und Töten. Ich lasse therapeutische und gesellschaftskritische Sichtweisen miteinfließen, um Terrorismus zu verstehen.

Kein Kind kommt auf diese Welt und ist von Natur aus gut oder böse!

Und ich möchte Ihnen menschliche und spirituelle Perspektiven näherbringen, die m. E. mit einem gemeinsamen persönlichen Engagement von uns allen die Gewaltspirale beenden könnten und zu einem gerechten Frieden auf Erden führen würden. Und dazu gehört für mich »Liebende Güte« als eine Orientierung für uns in dieser Welt, ein menschlicher Wert, den es gilt, gegenüber sich selbst und Andersdenkenden zu leben.

Das Schreiben dieses Buches war für mich eine große innere Herausforderung, da die Auseinandersetzung mit Leid und Gewalt in der Welt auch meine persönlichen Erfahrungen berührt hat. An manchen Stellen lasse ich Sie daran teilnehmen, weil ich davon überzeugt bin, dass nur durch Innehalten und eigenes Nachspüren eine persönliche Betroffenheit entstehen kann, die über das intellektuelle Abhandeln eines solch wichtigen Themas hinausgeht. Im Kapitel »Unüberbrückbare Gräben?« möchte ich Sie zu einem vertieften persönlichen Reflektieren anregen. Damit schließt sich dann der Kreis zu meiner Frage am Beginn des Buches: »Was ist Ihre Haltung?«

Ganz zum Schluss möchte ich Sie noch miteinbeziehen, Vorstellungen zu entwickeln, um diejenigen Menschen zu konfrontieren, die mit ihrem Verhalten Leid in diese Welt bringen.

Gewalt

Ein Terrorist, ein Mensch, der Gewalt als die einzige Möglichkeit sieht, die Welt zu verändern, weist uns darauf hin, dass wir Menschen uns auf dem Gebiet der Konfliktlösung nicht weiterentwickelt haben.

Frauen kaufen fröhlich erzählend auf einem Marktplatz für ihre Familie ein, Kinder spielen ungezwungen zwischen den Marktständen, Männer warten auf einen Bus. Es scheint ein ganz normaler Tag für jeden zu werden und dann geschieht das unerwartet Schreckliche. Eine Bombe explodiert, die ein Mensch versteckt unter der Kleidung am eigenen Leib trug. Schreie, Entsetzen, Menschen, die tödlich getroffen zusammensinken, Verletzte, die um Hilfe schreien, Mütter, die verzweifelt nach ihren Kindern rufen. Das Heulen von Sirenen, Polizei, Krankenwagen, ein entsetzliches Chaos an einem gewöhnlichen Tag, der eigentlich mit einem entspannten Abend im Kreise der Familie enden sollte. Diese Menschen waren zu einer bestimmten Zeit an einem ihnen vertrauten Ort, gingen ihren alltäglichen Beschäftigungen nach und wurden Opfer eines Sprengstoffanschlages, der sie verletzte, für den Rest des Lebens verstümmelte oder gar sterben ließ.

Ein Tag im Irak, wie es schon viele Tage gab, an denen Terroristen eine Bombe zündeten, an ihrem Körper oder in einem Fahrzeug.

In der Regel sind die Opfer Menschen, die selbst unter schwierigen Lebensbedingungen leben, die arm sind und unter den gleichen Missständen und der Unterdrückung leiden wie die Menschen, welche die Bombe gezündet haben. Die Verletzten und Toten sind Mitmenschen der Bombenzünder, gehören häufig dem gleichen Volk an und teilen den gleichen Glauben. Sie werden überwiegend nicht als konkrete Personen gemeint, die in einer besonderen Weise ausgewählt wurden und in einem bestimmten Zusammenhang mit den Tätern stehen. Vielmehr befinden sie sich eher rein zufällig an einem ausgesuchten Platz, von denen die Täter glauben, dass sie dort durch das Zünden der Bombe eine möglichst große Verheerung anrichten können, eine große Anzahl von Menschen töten und somit viel Öffentlichkeit erreichen, um ihren extremistischen Forderungen Nachdruck zu verleihen.

Paris: Am 8. Januar 2015 dringen am helllichten Tag zwei Männer mit Kalaschnikows in die Redaktion des Satiremagazins »Charlie Hebdo« ein und töten zwölf Personen. Das Magazin, das für seine Mohammed-Karikaturen bekannt ist, verlor praktisch die gesamte Führungsmannschaft, darunter den Chefredakteur. Die Täter riefen während des grausamsten Überfalls seit einem halben Jahrhundert in Frankreich: »Wir haben den Propheten gerächt« und »Allah ist groß«.

Wir fühlen mit den Opfern des Anschlages, sind entsetzt über die Grausamkeit der Tat, verstehen die Welt nicht mehr, verurteilen die Täter, wünschen ihnen auch einen Tod, der sie selbst in Stücke reißt. Wir verteidigen mit Solidaritätskundgebungen und Demonstrationen die Meinungs- und Pressefreiheit, die großen Errungenschaften der westlichen Welt. Ein Aufschrei! Zu Recht! Brutale Anschläge gegen Menschen müssen eine Empörung nach sich ziehen, müssen Solidarität mit den Opfern zeigen. Was mich schmerzt, ist die Tatsache, dass das tägliche Sterben durch Hunger auf dieser Welt, Ausbeutung und Kriege zum Alltag gehören und keinen weltweiten Aufschrei mehr auslösen.

Es ist eine verständliche menschliche Reaktion mit etwas Unfassbarem wie einem Attentat mit Entsetzen umzugehen. Und doch steckt in ihr neben dem Entsetzen auch ein Maß an Gewalt. Gewalt, die sich in den Gedanken, in Wünschen manifestiert und sich gegen Menschen richtet, ihnen den Tod wünscht. Wir vergelten Gleiches mit Gleichem, Auge um Auge, Zahn um Zahn.

Es ist eine große Herausforderung für uns, bei unserem Verständnis von Moral, Ethik, Christlichkeit, Menschen, die eine Gewalt leben, bei der unschuldige Menschen zu Tode kommen, ihnen Mitgefühl entgegenzubringen oder ihnen gar mit Liebe zu begegnen und sie nicht in Grund und Boden zu verdammen.

Der Terrorist ist ein Mensch, der sich die Vorstellung zu eigen gemacht hat, die Welt mit Gewalt verändern zu wollen, weil ihm das als der einzig gangbare Weg erscheint.

In den 70er Jahren war es in Deutschland die RAF, die Menschen kaltblütig ermordete, um gesellschaftliche Veränderungen, eine gerechtere Welt herbeizuführen. In den letzten Jahren mordete die NSU in Deutschland. Drei junge Personen, die sich rechtsextremes Gedankengut zu eigen gemacht hatten und zehn ansässige Bürger hinrichteten, die als Migranten in unserer Gesellschaft eingegliedert waren.

Mit Schrecken erleben wir, wie religiöse Gruppierungen im Irak, die Schiiten und Sunniten, sich gegenseitig verfolgen und töten. Mit meterhohen Betonmauern versuchen sie die einen vor den anderen zu schützen. Christen werden in vielen afrikanischen Ländern von fundamentalistischen Moslems verfolgt und sogar während ihrer Gottesdienste getötet. Die Täter respektieren nicht die Religionswahl ihrer Mitmenschen, halten diese Glaubensausrichtung für falsch und töten.

Auch das Christentum ist mit Heerscharen über Andersgläubige und Abtrünnige in früheren Zeiten hergefallen, haben diese verfolgt und getötet, um ihre Religion als die allein richtige in dieser Welt durchzusetzen.

Fanatische Islamisten meinen heute im 20. Jahrhundert, alle Menschen auf dieser Welt müssten dem Islam beitreten, weil dies die einzige wahre Religion ist, und sie töten, da sie keine Andersgläubigen neben sich tolerieren.

Völker wie die Palästinenser und Israelis verbreiten seit Jahrzehnten Gewalt und Terror untereinander und erkennen nicht ihr gegenseitiges Recht auf Existenz an.

Im Frühjahr 2014 annektiert Russland die Krim über ein Referendum unter militärischer »Obhut«. Die Ukrainer, die ansässigen Russen und die Tataren lassen sich nach den Unabhängigkeitsbestrebungen in der Ukraine nicht die nötige Zeit, um in einem Dialog miteinander eine friedliche Lösung für das eigene Land zu finden. Ebenso wittert der russische Präsident Putin die Chance, ein Stück des alten Russlands zurückzugewinnen, und zieht seine machtvollen Fäden, während die westliche Welt Sanktionen abwägt, die sie nicht tatenlos erscheinen lassen, aber auch ihre eigenen wirtschaftlichen Interessen nicht gefährden.

Alle Beispiele haben eines gemeinsam, die Menschen damals wie heute, die diese Taten ausführen, möchten ihre Mitmenschen nicht mit Wohlwollen, Mitgefühl und Liebe überzeugen, sondern mit Gewalt. Verbreitung von Angst und Schrecken, Verfolgung, Entführung, Folter, Mord und Bombenanschläge sind ihre Werkzeuge. Dabei handelt es sich um gezielte Tötung von Repräsentanten der Gegenpartei und um Anschläge, bei denen völlig unbeteiligte Menschen zu Tode kommen.

Das Zweite und m.E. das Grundlegendste, das sie miteinander verbindet, ist eine tiefe Angst vor der eigenen Bedeutungslosigkeit, Begrenzung oder Vernichtung. An anderer Stelle werde ich noch darauf eingehen.

Das Streben nach Macht und Hegemonie teilen sich diejenigen, die anderen ihre Ideologie überstülpen wollen. Das unterscheidet sie von Freiheitsbewegungen, die Selbstbestimmung fordern und ein Recht auf Unabhängigkeit. Es gibt auch Freiheits- bzw. Unabhängigkeitskämpfe, die sich nach jahrzehntelangem, gewaltvollem Konflikt verändert haben. So versuchen die Nordiren einen Weg des Dialogs mit England zu gehen und die IRA hat nach Jahrzehnten die Waffen niedergelegt. Die baskische Untergrundorganisation ETA sucht immer noch einen Weg in die Unabhängigkeit von Spanien, ebenso die PKK, die kurdische Arbeiterpartei, die in der Türkei ihr Recht auf Selbstbestimmung weiter verfolgt.

Und unabhängig von der ideologischen Ausrichtung und einem Verständnis, für das Ansinnen nach Freiheit zu streben, verbindet sie eins, wenn sie die Fäuste zum Kampf erheben, beginnen sie Terror zu verbreiten.

Ein Terrorist verbreitet Terror. Terror ist ein Zustand der Angst und Panik von Menschen, die sich nicht mehr sicher fühlen, sondern ausgeliefert sind an ein Geschehen, das sie nicht kontrollieren können, über das sie keine Macht haben. Es bedeutet einen starken Verlust von Vertrauen in das Leben, in die Mitmenschen. Die Unbekümmertheit und das Gefühl der Sicherheit gehen gänzlich verloren. Die Angst hält die Seele gefangen. Ein Anschlag könnte überall stattfinden und jederzeit könnte ich selbst eines der Opfer sein. Nicht nur eine individuelle Angst macht sich breit, ganze Menschengruppen wie Händler, die auf einem Markt oder einem Basar ihre Waren anbieten, sind von der Angst betroffen, weil dort wiederholt Anschläge stattfanden. Die Angst, Opfer eines terroristischen Anschlags zu werden, kann auch ein ganzes Volk betreffen, wie es die Amerikaner erlebten nach der Zerstörung des World Trade Centers 2001.

Hier wurde die größte Weltmacht durch wenige Menschen in Angst und Schrecken versetzt. Der Glaubenssatz »Wir sind unverwundbar« wurde in wenigen Augenblicken beschädigt und musste bitterlich ersetzt werden mit der Erkenntnis »Trotz aller militärischen Stärke können wir uns als amerikanisches Volk nicht vollkommen gegen terroristische Angriffe schützen«. Glaubenssätze beruhen auf Vergangenheitserfahrungen, Wunschvorstellungen und dem Festhalten daran, bis die Realität uns eines Besseren belehrt.

Uns aufgeklärten Europäern, die in einer Kultur aufgewachsen sind, die durch religiöse und ethische Werte geprägt ist, fällt es schwer, den Ansinnen von Menschen zu folgen, die heute glauben, durch Selbstmordattentate oder andere terroristische Anschläge und das Töten unschuldiger Kinder, Frauen und Männer eine bessere, gerechte Welt zu schaffen. Aber zu unserer Vergangenheit gehört selbst ein finsteres Zeitalter, in dem Ketzerei, Hexenverbrennung, Christianisierung von andersgläubigen Menschen zum Alltag gehörten. Wir haben diese barbarische Zeit überwunden, leben an vielen Stellen andere Werte, die verbunden sind mit Gleichheit, Gerechtigkeit, Toleranz und Respekt.

Den Respekt versuchen die Fußballspieler uns bei jeder Bundesliga mit ihren Trikotaufdrucken nahezubringen, bevor einige Fans wieder Feuerwerkskörper zünden, Einrichtungen zerstören, ihre Gegner oder gar die Schiedsrichter verprügeln. Wir können daran sehen, dass auch in kleinen gesellschaftlichen Bereichen Menschen gegenüber anderen Menschen Angst und Terror verbreiten und daran noch ihren Spaß haben und Freude dabei empfinden.

So wie früher von einer klammheimlichen Freude gesprochen wurde bei terroristischen Anschlägen der RAF, wird es heute auch noch einzelne Menschen und Gruppierungen in unserer Gesellschaft geben, welche die Taten der Nationalsozialistischen Union mit einer klammheimlichen Freude begleitet haben. Ihr Denken ist auf Abgrenzung und Ausgrenzung von Fremden ausgerichtet. Dieses Denken ist eines der größten Irrtürmer der Menschen und doch durchzieht es unsere ganze Gesellschaft und manifestiert sich in allen Lebensbereichen, wie es derzeit durch die Gruppierung Patriotische Europäer gegen die Islamisierung des Abendlandes (PEGIDA) zu erleben ist. Von ihren Demonstrationen seit dem 20. Oktober 2014 in Dresden und anderen deutschen Städten gehen Fremdenfeindlichkeit und Rassismus aus.

Wir müssen, wenn wir über Terrorismus sprechen, grundsätzlich über Gewalt sprechen, um die Vielfalt gewaltvollen Verhaltens deutlich werden zu lassen, da manche Formen von Gewalt erst Gewalt nach sich ziehen und sogar für Terrorismus mit verantwortlich sind.

Meine persönlichen Gewalterfahrungen beschränken sich in meiner Kindheit auf Geschlagenwerden mit der Hand, einem Holzlöffel und einem Gummischlauch sowie Eingesperrtwerden in dunklen Kellerräumen. Andere Angehörige meiner Familie machten Erfahrungen von Missbrauch, Folter, Kriegsgräueln und Tod durch Erschießen im Zweiten Weltkrieg.

Als Traumatherapeut begleite ich Menschen bei der Aufarbeitung ihrer traumatischen Gewalterfahrungen, die von kindlicher Vernachlässigung (kein genügendes Essen und Trinken, keine ausreichende Körperpflege und Hygiene) über sexuellen Missbrauch, Angekettetsein und Gewalt mit Gegenständen gingen. Menschen, die als Zivilisten oder Soldaten in kriegerische Handlungen verwickelt waren und Folter erlebten, behandelte ich. Sie waren traumatisiert durch Waterboarding, Fingernägelausreißen, Vergewaltigung oder Teilnahme an Erschießungen bekannter Personen.

Gerade in der letzten Zeit lesen und hören wir wieder viel über Folter. Am 10. Dezember 2014 wurde der 500 Seiten starke

Bericht über die Foltermethoden und die Gefängnisse, die über viele Länder verteilt waren, bekannt.

Und jetzt lesen Sie einige Methoden, mit denen Menschen wie Sie und ich aufs Fürchterlichste gequält worden sind.

Wenn Sie, wenn wir nicht innehalten, nachfühlen und nicht mitfühlen, was es bedeutet, wenn man Folterknechten ausgeliefert ist, die einem bei Bewusstsein den Fingernagel vom kleinen linken Finger ausreißen, dann werden Sie, wir nicht berührt von diesem Leid, dann weinen und schreien Sie, wir nicht mit dem Opfer vor Schmerz und Angst.

Und wenn der kleine Finger blutet und Ihr Wimmern und Flehen, doch bitte aufzuhören, nur mit einem Gelächter beantwortet wird und der Folterknecht mit der Zange den Fingernagel Ihres Ringfingers ergreift und ausreißt, dann werden die Schmerzen unerträglich und Ihr Wissen um die anderen acht Finger macht Sie schier wahnsinnig vor Angst.

Ich beschreibe dies nicht, weil ich Sie mit dieser schrecklichen Foltermethode quälen will, sondern ich möchte Sie, uns aus der Distanz des sicheren Lesers in die grausame Realität eines Gefangenen in Guantanamo, Abu Graib oder unzähligen anderen Orten dieser Welt holen. Denn wenn Sie, wir nicht in Fühlung kommen mit diesen schrecklichen Erfahrungen, die Menschen, auch völlig unschuldige Menschen machen, wie ein Deutscher, der nach Guantanamo verschleppt worden war, dann bleibt es bei einem kleinen Aufstöhnen, wenn überhaupt, und wir gehen zum Alltag über.

Vielleicht sind Sie als Kind beim Schwimmen mal in Not geraten, haben Wasser geschluckt, keine Luft mehr bekommen, vielleicht sogar weil größere Kinder Sie untergetaucht haben, dann wissen Sie, wie schrecklich die Angst ist, zu ertrinken.

Und beim Waterboarding, einer immer wieder angewandten und vom ehemaligen amerikanischen Präsidenten Bush auch heute noch abgesegneten Foltermethode, geht es genau um das Gefühl, ertränkt zu werden. Der Gefangene wird immer wieder mit dem Kopf unter Wasser gehalten, immer wieder mit dem Kopf unter Wasser gehalten, unter Wasser gehalten, unter Wasser gehalten … oder den Häftlingen wird so lange Wasser in den Mund geschüttet, bis sie kurz vorm Ertrinken stehen.

Vielleicht haben Sie beim Lesen ein wenig dem nachgespürt, wie grausam Menschen andere Menschen behandeln und ihnen dazu noch sagen: »Ihr seid die Bösen und wir die Guten.« Folterknechte und hochdotierte Politiker und Beamte, die diese Foltermethoden befehlen, meinen: »Wir sorgen dafür, dass die Welt besser wird, befreit von hinterhältigen Terroristen.«

Der norwegische Friedensforscher Johan Galtung hat uns zu einer tieferen Einsicht in Gewaltverhältnisse verholfen. Seine Ausführungen zu den unterschiedlichen Dimensionen von Gewalt sind eine nützliche Erkenntnishilfe in unserem Alltag. (J. Galtung, Strukturelle Gewalt, 1975)

Führen wir uns die unterschiedlichen gewaltvollen Verhaltensweisen vor Augen, dann fällt darunter die personale oder direkte Gewalt, die im individuellen Lebensbereich von Familie, Schule, Betrieb oder in der Freizeit, wie im Fußballstadion, stattfindet. Es gibt einen Täter (handelndes Objekt) und ein

Opfer (verletztes Objekt). Hier wird Gewalt gegen einen anderen Menschen, der schwächer, kleiner, hilfloser und abhängig ist, gerichtet und das durch jemanden, der wütend, rachsüchtig ist oder sich bereichern, mehr Macht, seine Interessen durchsetzen will oder auch im Affekt handelt.

Galtung unterscheidet physische und psychische Gewalt als Zufügung von körperlichen Schmerzen bzw. Indoktrination, Drohung, Verminderung der geistigen Möglichkeiten. Dazu gehören für ihn auch Bestrafung bzw. Belohnung als negative und positive Einflussnahme bezogen auf nicht gewünschte bzw. gewünschte Verhaltensweisen. Gewalttätiges Verhalten kann objektlos und objektbezogen sein, wie die Verletzung oder Zerstörung von Personen und Sachen bzw. Androhung einer solchen durch Deutlichmachen des Zerstörungspotentials.

Bei der Frage der Schuld wird die Unterscheidung intendierter und nicht intendierter Gewalt relevant.

Gewalt kann auch manifest oder latent sichtbar und spürbar sein, d.h., sie kann noch nicht präsent, jedoch in einer labilen Situation leicht zum Vorschein kommen.

Allgemein gilt für strukturelle (indirekte) Gewalt: »Hier tritt niemand in Erscheinung, der einem anderen direkt Schaden zufügen könnte; die Gewalt ist in das System eingebaut und äußert sich in ungleichen Machtverhältnissen und folglich in ungleichen Lebenschancen.« (Galtung, 1975, S. 12)

Zur strukturellen Gewalt gehören alle Formen der Diskriminierung, der ungleichen Verteilung von Einkommen, Bildungschancen und Lebenserwartungen sowie das Wohlstandsgefälle zwischen der Ersten und der Dritten Welt. Selbst eingeschränkte Lebenschancen aufgrund von Umweltverschmutzung oder die Behinderung emanzipatorischer Bestrebungen werden hierunter subsumiert.

Gewalt wird nicht mehr nur konkreten Menschen zugerechnet, sondern sie basiert auch auf Strukturen einer bestehenden Gesellschaftsformation, insbesondere auf gesellschaftlichen Strukturen wie Werten, Normen, Institutionen sowie den vorhandenen Machtverhältnissen. Diese Gewaltauslegung verzichtet auch auf die Voraussetzung, dass, um von Gewalt sprechen zu können, eine Person oder Gruppe subjektiv Gewalt empfinden muss. Strukturelle Gewalt wird von den Opfern oft nicht einmal wahrgenommen, da die eingeschränkten Lebensnormen bereits internalisiert sind.

So ist die Ausgrenzung von Rechten, die anderen zugestanden werden, eine stille Form von Gewalt, die mitunter nicht einmal mehr reflektiert wird, da die Mächtigeren, in der Regel die Männer, dies durchgesetzt haben, traditionell oder rechtlich verankert.

Kriege gehören zu den »rechtlich legitimierten« Formen der Gewalt, da besonders autoritäre und machtbesessene Staatsführer durch sogenannte »parlamentarische Absegnungen« eine »rechtliche Grundlage« für ihre Kriege durchsetzen.

Dieses Töten ist auch innerhalb unserer westlichen Demokratien von unseren demokratischen Parlamenten abgesegnet. Es ist ein Töten, das auf einer rechtlichen Grundlage basiert. Und damit legitim! Das Recht auf freie Entfaltung und Gesundheit eines jeden Menschen, das z. B. im Grundgesetz Deutschlands festgeschrieben ist, wird mit dem Recht auf Verteidigung ausgehebelt. So darf getötet werden und die Menschen, die getötet wurden, weil Soldaten mit einem Recht auf Töten in den Krieg gezogen sind und auch heute noch in den Krieg ziehen … Ich weiß nicht, wie viele mögen es sein? Niemand wird sie gezählt haben.

Töten ist also noch lange nicht gleich töten!

Es ist alles nur eine Frage der Legitimation und der Mehrheiten, die ihre Hand heben, wenn über den Tod der nächsten Tausenden Menschen abgestimmt wird.

Könnten wir auch sagen, es ist eine Form des Terrorismus, wenn ein Staat wie Amerika den Irak überfallen hat und die eigene Bevölkerung mit Lügen für diesen Krieg missbraucht hat? Ist nicht jeder Krieg staatlich legitimierter Terrorismus? War der Zweite Weltkrieg, der von Deutschland ausging, nicht ein nicht zu überbietender Akt des Terrorismus?

Fördern terroristische Kriege nicht die menschliche Gewalt und tragen sie nicht zur Verrohung der Menschen bei? Ich meine zu allen Fragen: JA, so ist es!

Es gibt Formen der Gewalt, die andere Formen der Gewalt nach sich ziehen. Eine dieser Formen der täglichen Gewalt, die einen terroristischen Boden nährt, ist die Produktion von Kleidung in Billiglohnländern. In diese Länder verlagern ausländische und auch deutsche Unternehmen ihre Produktion aus dem einfachen Grund, weil sie dort weit weniger Lohn an die Beschäftigten zahlen müssen, als würden sie in ihrer Heimat das Gleiche herstellen lassen. Zum anderen gibt es in den dortigen Gesellschaftsstrukturen keine oder nur eine unzureichende soziale Absicherung und keine gewerkschaftliche Rückendeckung für die Arbeitnehmer und Arbeitnehmerinnen. Dies sichert die Ausbeutung der dort abhängigen Bevölkerung. Drittens sind die Sicherheitsstandards in den Betrieben kaum vorhanden und damit können die Investitionskosten niedrig gehalten werden. Natürlich wird sich jedes Unternehmen gegen den Vorwurf der Gewalt wehren, da sie in den Produktionsstätten Organisationen beauftragt haben, die Arbeitsbedingungen so festzulegen, dass sie in den Industrieländern mit einer relativ weißen Weste dastehen und ihre Kunden weiterhin mit ruhigem Gewissen die billig produzierten Produkte kaufen. Dass die dortigen Bedingungen letztlich doch sehr menschenunwürdig sind und auch tödlich sein können, wird meistens erst dann deutlich, wenn in den Fabriken Unfälle geschehen, die an die Öffentlichkeit dringen und ein Wegschauen nicht mehr möglich machen.

Fragen Sie in diesem Zusammenhang nach Gewalt, so besteht sie in der Ausbeutung der dort überwiegend arbeitenden Frauen, die ihre körperliche und seelische Gesundheit verlieren, ihre Kinder nicht ausreichend versorgen und kein menschenwürdiges Leben führen können. Es gehört zu den kapitalistischen Gutmenschen zu sagen: »Seht, wir bringen Arbeit in euer Land, damit ihr nicht an Hunger leiden müsst und immer mehr am Wohlstand dieser Welt teilnehmen könnt.« Bei dieser Heuchelei steht nicht der Mensch im Vordergrund des Handelns, vielmehr sind es schlicht die ökonomischen Interessen, die mit einem sozial engagierten Mäntelchen umgeben werden. Und gesteht jemand dies zu, so rechtfertigt er sich damit, dass sonst andere an seiner Stelle das Gleiche tun würden und die wirtschaftlichen Zwänge keine andere Wahl lassen, als seine Produktionsstätten in Billiglohnländern zu errichten. Und der besagte Wohlstand wird den Menschen als erstrebenswert vor die Nase gehalten, aber nur die wenigsten kommen jemals in den »Genuss«, sich eines dieser Produkte auch leisten zu können. Denn häufig sind die Löhne so gering, dass sie trotz eines 12- oder 14-Stunden-Arbeitstages gerade für das Existenzminimum der alltäglichen Lebensgrundlage reichen.

Wir werfen den Terroristen Unmenschlichkeit vor, verhalten uns aber selbst unmenschlich. Und das besonders Zynische daran ist, dass wir auch nach dem Tod von tausend Frauen nichts unternehmen, was die Produktionsverhältnisse ändert.

In diesem Zusammenhang liegt es auf der Hand, dass Menschen sich leicht radikalisieren lassen, die ein derartiges Leid hautnah miterleben, vielleicht auch Angehörige dabei verloren haben und sich ihrer Ohnmacht in diesem Ausbeutungsprozess bewusst werden.

Ich möchte Sie ernsthaft fragen, was für eine Wahl haben ausgebeutete Menschen, die seit Jahrzehnten auf keinem anderen Weg Gehör finden außer durch Radikalisierung? Zu welchen Mitteln sollen sie greifen? Nicht einmal die Menschenrechtskonventionen der UNO helfen, weil die Produktionswege von den Unternehmen nicht offengelegt und die Verantwortlichkeiten verschleiert werden.

Ein anderer Aspekt ist im Rahmen der Gewalt noch bedeutsam. Die Völker in allen Ländern haben ihre eigene Geschichte und ihre Kulturen und Traditionen, die über Jahrtausende hin gewachsen sind und weitergegeben wurden. In unserer sich schnell verändernden globalisierten Welt werden diese alten Kulturen nur allzu oft nicht ausreichend gewürdigt und den Menschen wird nicht mit genügend Respekt begegnet. So ist die Stellung der Frauen in vielen arabischen Ländern nicht gleich mit der des Mannes. Aus europäischer Sicht werden die Frauen unterdrückt und können sich nicht frei entfalten. Mädchen dürfen teilweise nicht einmal Schulen besuchen. Da fühlen sich viele Staaten herausgefordert, für die Rechte der Frauen in diesen Ländern zu kämpfen. Hier entsteht eine Einmischung, ein Entwicklungsdruck, der konservative Kräfte in den betroffenen Ländern radikalisiert und sie nötigt, ihre Werte und Traditionen mit Gewalt zu verteidigen.

Unterdrückung und damit Gewalt ist immer relativ und hängt vom Standpunkt des Betrachters ab. In von Männern dominierten Ländern bestimmen diese, was für die Frauen gelten soll. Frauen, die genitalverstümmelt werden, wie heute noch in manchen afrikanischen Ländern, oder Frauen, die in arabischen Staaten die Burka tragen müssen oder sich verschleiern müssen wie in Indien, mögen dies als Fremdbestimmung, Eingriff in die körperliche Unversehrtheit verstehen. Aus der Männerperspektive ist es ein Bewahren der Weiblichkeit und religiöse Pflicht. Ich möchte mit dieser Aussage nicht die Gewalt oder Benachteiligung gegenüber den Frauen verharmlosen.

Wir werden noch sehen, dass alles eine Frage des Standpunktes und der Haltung ist, die Menschen aufgrund ihrer Lebensgeschichte erworben haben oder eine Auslegung von Texten, die letztlich auch von Menschen geschrieben worden sind.

Neben der individuellen Gewalt finden wir immer auch die strukturelle Gewalt. Ein Beispiel dafür ist die Türkei, in der es noch weit verbreitet ist, dass junge Mädchen zwangsverheiratet werden und nicht das Recht haben, mit einem andersgläubigen Mann ihrer Liebe zusammen zu sein. Diese Tradition wird bis nach Deutschland getragen und sogar hier finden Ehrenmorde statt, wenn die Tochter einer türkischen Familie sich anders entscheidet.

Beurteilen wir andere Völker oder Länder, müssen wir achtsam mit unserer europäischen Sichtweise sein, da das Thema Unterdrückung bzw. Ungleichbehandlung von Frauen auch hier noch nicht ausgestanden ist. So verhandelt zurzeit die zukünftige Bundesregierung, ob die berufliche Diskriminierung unserer Frauen durch eine gesetzliche Frauenquote gesetzlich geregelt werden muss. Von der ungleichen Bezahlung von Frauen in gleichen Positionen mal ganz zu schweigen. Das in vieler Hinsicht nachbarliche Vorzeigeland Schweiz hat erst 1971 das allgemeine Frauenwahlrecht zugelassen. Und der Kanton Appenzell in der Schweiz hat noch mal fast 20 Jahre mehr dafür benötigt. Wie lange hat dieses europäische Land benötigt, Frauen und Männer in dieser Hinsicht gleich zu behandeln? Ich will damit sagen, Veränderungen von Traditionen, die so fest in den Köpfen der Männer verankert sind, lassen sich nicht einmal in einem Land, das umgeben ist von Staaten, die das Recht der Frauen auf Wahlen schon lange umgesetzt haben, auf die Schnelle wandeln. Wie viel Zeit gestehen wir Europäer den arabischen oder afrikanischen Ländern zu, deren Traditionen über Jahrtausende verwurzelt und die in ihren Strukturen noch verhärteter sind und nicht von positiven Vorbildern angeschoben werden?

Gestehen wir den Menschen zu, ihre gesellschaftliche Wandlung hinsichtlich Werte, Religiosität und Traditionen selbst in die Hand zu nehmen, und geben wir ihnen auch die Zeit dazu, die wir selbst einmal benötigten, das ist das Erste, was wir tun können, damit die dort lebenden Menschen nicht ihre Würde verlieren.

Eine Form der Unterstützung von Gewalt, Ungerechtigkeiten in der Welt und Terrorismus sind Waffenlieferungen.

Waffenlieferungen an die unterschiedlichen politischen, gesellschaftlichen oder religiösen Gruppierungen führen dazu, dass Menschen, die als Volk in einem gemeinsamen Territorium zusammenleben, diese Waffen natürlich nutzen, um ihre Position oder Vormachtstellung zu festigen oder auszubauen. Und dies schürt das Feuer der Feindschaft, bis es sich in einem Bürgerkrieg entzündet. Wer sich darüber freut und außerordentlich gut daran verdient, ist die Waffenindustrie in den Industrieländern. Deutschland ist nach den Vereinigten Staaten von Amerika und Russland einer der größten Waffenlieferanten weltweit. Wir könnten sarkastisch sagen, es ist nicht gut für unsere Volkswirtschaft, kriegerische Handlungen auf friedlichem Wege zu lösen, da wir die Arbeitsplätze in unserem Waffenwirtschaftszweig sichern müssen.

Keiner (wahrscheinlich bin ich da zu optimistisch) würde

Kindern, die außer sich vor Wut auf andere sind, Waffen in die Hand geben und dazu sagen, sie möchten aber bitte den schwelenden Konflikt friedlich lösen. So beschreiten wir weiterhin den Weg des bewussten Irrtums, die Welt und verfeindete Parteien hochzurüsten, damit es friedlicher auf der Erde werde. Und darüber, dass wir weiterhin daran festhalten, brauchen wir uns keine Gedanken machen, da viele Kräfte dafür sorgen werden, damit sich ihre Geschäfte auch weiterhin von einer Wachstumsrate zur nächsten steigern. Und dass dabei Lieferungen in Krisengebiete möglich sind, obwohl sie in Deutschland gesetzlich verboten sind, zeigen die verschlungenen Wege der Waffenlobby über andere Käuferländer, bis sie letztendlich dort angekommen sind, wo Menschen sich damit töten können. Natürlich ist das nicht gewollt, da die Waffen ja nur der Verteidigung dienen sollen. Letztlich scheint doch alles wie eine wohlgemeinte Unterstützung von Menschen, die das Wohl anderer Völker und der Erde im Auge haben. Ähnlich ist es auch bei Kriegen. Der Irakkrieg wurde von den amerikanischen Kriegstreibern auf der Lüge aufgebaut, dass im Irak biologische und chemische Massenvernichtungswaffen lagern und nur eine Vernichtung von Saddam Hussein und seiner Anhänger eine friedliche Zukunft bringen kann. Nun, der Krieg ist vorbei, es wurden keine Massenvernichtungswaffen gefunden, Hussein ist tot und mit ihm viele Tausende unschuldiger Menschen. Die USA als kriegsauslösendes Volk haben sich zurückgezogen und bei diesem Wahnsinnskrieg selbst Tausende von eigenen Soldaten verloren. Die Infrastrukturen des Landes sind zerstört und die kriegstraumatisierten Menschen bekämpfen sich heute gegenseitig und ringen um die Macht danach. Der Krieg war der Auslöser für die nachfolgende Gewalt und Radikalisierung der Menschen.

Was fühlt ein irakischer Bauer auf dem Land, der auf keinen Krieg aus war, sondern seine Kinder und seine Frau mit seiner täglichen landwirtschaftlichen Arbeit ernähren wollte? Wie geht es all den Menschen, über die der Krieg hereinbricht wie ein plötzliches Gewitter, von dem man vielleicht nicht einmal wissen konnte, dass es kommt, viel weniger, dass man es sich gewünscht hätte? Ist das ein geistiger Boden, auf dem Mitgefühl und Frieden wachsen können, oder nicht eher ohnmächtige Wut, die eine terroristische Radikalisierung nach sich zieht? Krieg ist nie eine Lösung, sondern immer nur ein weiterer dramatischer Eskalationspunkt in der Kette von kapitalistischen Interessen zur Ausbeutung von Völkern und Erden! Sicherung von »seltenen Erden« und die Durchsetzung von geostrategischen Zielen neben dem Erhalt unserer Handelsrouten und Absatzmärkte sind mittlerweile eine neue kämpferische Disziplin zwischen den Mächtigen dieser Erde geworden und werden voraussichtlich noch viele kämpferische Konflikte nach sich ziehen. So droht seit Anfang 2013 eine japanisch-chinesische Eskalation um die Senkaku-Inseln im Ostchinesischen Meer. Auch Taiwan beansprucht die Inseln für sich. Die Gegend gilt als fischreich, außerdem werden im Meeresboden Rohstoffe vermutet.

Krieg ist die schrecklichste Form von Terrorismus, da er den Anschein erweckt, er sei legitim.

Krieg ist ein von Politikern und Gremien abgesegneter Aufruf zum Terror! Sie haben sich in ihrer Herzens- und Geistesenge keine friedliche Konfliktlösung vorstellen können und haben sich ihren Krieg legitimiert. Es ist die archaischste Form von Auseinandersetzung und leichter umzusetzen als langwierige Verhandlungen. Auch heute noch fällt es dem Menschen leichter, mit Gewalt zu reagieren, als auf den anderen zuzugehen und eine Lösung auf dem Wege der friedlichen Kommunikation zu finden. Ein Krieg allein, mit all seinen dazugehörigen Kollateralschäden, bedeutet für die Menschen weit mehr Terror, als es alle terroristischen Aktivitäten bis heute hatten tun können. Hier sind wir an einem ganz entscheidenden Punkt der Betrachtungsweise von Krieg und Terrorismus.

Wie kann es sein, das Menschen einen einzelnen Terroristen mehr verdammen als ein kriegsführendes Staatsoberhaupt?

Wie kann ein terroristischer Akt, nehmen wir den vielleicht schrecklichsten, den Anschlag auf das World Trade Center, bei dem 3.000 Menschen ihr Leben verloren, schlimmer bewertet werden als ein Krieg, nehmen wir den Irakkrieg, bei dem Zigtausende Menschen ihr Leben lassen mussten und Hunderttausende ihr Heim verloren?

Wie können in unserer geistig durchdrungenen abendländischen Kultur Kriege befürwortet und als gerechtfertigt deklariert werden, obwohl jeder um die fürchterlichen Auswirkungen weiß, die ein Krieg hinterlässt? Die Auswirkungen reichen, neben den getöteten Soldaten auf beiden Seiten, von unzähligen Toten der Zivilbevölkerung, Frauen Kindern, alten Menschen, über Traumatisierungen der Überlebenden durch diese

Kriegserfahrungen, über Vergewaltigung von Frauen, unsägliche Folterungen von Gefangenen, Schändung von Toten, totale Zerstörung der Lebensgrundlagen und der Infrastruktur, Vernichtung allen Lebens auf weiten Landstrichen, Zerstörung von Kulturdenkmälern, unbegehbare Ländereien durch geächtete Tretminen bis hin zu den kriegsversehrten Soldaten, die für ihr Leben traumatisiert sind und an den Rand der Gesellschaft geschoben werden, auch wenn sie vorher noch als Helden der Nation in den Krieg gesandt und gefeiert worden sind.

Es gibt nur eine Antwort, Kriege finden statt, weil in den verantwortlichen politischen Positionen Menschen sitzen, die unfähig sind friedvolle Verhandlungen zu führen und ein hohes Potential an Gewalt in sich tragen! Wurden sie doch von der Mehrheit des Volkes ins Amt gehoben oder geduldet, die ebenso empfindet. Wie soll es aufgrund der Ungerechtigkeiten in der Welt auch anders sein, die Menschen sind noch nicht mit dem Herzen miteinander verbunden, sondern grenzen sich ab, haben Angst um ihre Vorrechte und Vorteile und noch nicht gelernt zu teilen.

Ein weiterer wichtiger Aspekt, warum Kriege noch nicht zu den überwundenen Verhaltensrepertorien der Menschheitsgeschichte gehören, ist, Kriege werden von ökonomischen Interessen geleitet und diese werden höher bewertet als Menschenleben. Dies zeigt sich auf einer anderen Ebene immer wieder bei allen internationalen wirtschaftlichen Übereinkommen, zuerst kommen die ökonomischen Interessen und dann die Menschenrechte.

So läuft auch jetzt Europa Gefahr, dass durch das angestrebte Freihandelsabkommen TITIP und CETA mit den USA erreichte Standards in der Gesundheitspolitik und im Umwelt- und Verbraucherschutz ausgehebelt werden.

Ein Terrorist wird als abgrundtief böse verurteilt und er lädt mit seinem Tun Schuld auf sich. Ein Staatsmann in Anzug und Krawatte dagegen ist ein Mann, der das Land vor den bösen Feinden rettet oder schützt und Tapferkeit und Ehre anhäuft, ein Denkmal erhält und in die Geschichtsbücher eingeht.

Töten bleibt aber töten, wir sehr wir auch versuchen es durch maßgeschneiderte Anzugworte zu verdrehen.

Ökonomische Interessen leiten den kapitalistischen Menschen und er wird alles tun, auch weiterhin Kriege beginnen, um sich den Zugang zu Rohstoffen wie Wasser, Öl, Gas und seltene Erden, die für die hochtechnisierten Industrieproduktionen notwendig sind, zu sichern.

Ich glaube daran, dass Menschen friedensfähig sind, was ich mir nur schwer vorstellen kann, ist, dass es ein Zeitalter ohne Kriege auf der Erde gibt, weil das Bewusstsein, friedvoll miteinander zu leben und alle Menschen wirklich als zugehörig zu einer großen Familie zu betrachten und von daher auch für alle gleichermaßen zu sorgen, damit sie in Frieden und Gesundheit leben können, noch nicht gegeben ist. Zu sehr sind die Kulturen noch auseinander, auch wenn es große Wandlungsbewegungen gibt wie in Tunesien, Ägypten, Syrien und Kenia.

Betrachten wir im Nahen Osten Israel und Palästina. Zwei Staaten, die schon seit vier Jahrzehnten in kriegerischer Auseinandersetzung miteinander leben. Und nach wie vor ist ein Frieden nicht in Sicht, der eine gegenseitige staatliche Anerkennung festschreibt, sowie ein Leben in friedlicher Koexistenz. Hier wird deutlich, wie zwei Völker, welche die gleiche Sonne, das Meer und Wasser teilen, nicht in der Lage sind, einen friedlichen Neubeginn zu wagen, von Versöhnung erst gar nicht zu sprechen. Aber auch hier gibt es Ansätze, die gestützt und gefördert werden müssen. Musiker, die grenzübergreifend miteinander musizieren, und Israelis, die in der Öffentlichkeit sagen: »Ihr Palästinenser seid nicht meine Feinde!« Einsicht in Fehlverhalten, und das in der Öffentlichkeit geäußert, kommt nur selten vor, wie in dem Fernsehbeitrag »Töte zuerst« der ARD am 7. März 2013. In dieser Sendung äußerten sich sechs ehemalige Direktoren des israelischen Geheimdienstes »Schin Bet« und bezeichneten die orthodoxen Rabbiner als bestimmende gesellschaftliche Kraft, die eine Aussöhnung und einen Friedensprozess verhinderten. So waren diese als »geistige Hintermänner« auch verantwortlich für die Ermordung des früheren Premierministers Jitzchak Rabin, der nach dem Vertrag in Oslo 1993 mit dem damaligen Palästinenserführer Yasir Arafat intensiv für Aussöhnung und Frieden eintrat. Avraham Shalom beendete seine Aussagen mit dem Satz: »Wir beherrschen die Palästinenser mit der Ausrede, den Terror zu bekämpfen.« Alle sechs ehemaligen Führungschefs sehen Gespräche mit den Palästinensern, auch mit der Hamas, als die einzige Möglichkeit an, wirklichen Frieden zu erreichen, und sie bekennen: »Und die Israelis sind grausam geworden – nicht nur zu den Palästinensern, auch zu sich selbst.« Ultraorthodoxe Juden wollten den Felsendom auf dem Tempelberg in Jerusalem sprengen und hätten, wenn sie nicht dran gehindert worden wären, eine gewaltige kriegerische

Eskalation im ganzen Nahen Osten heraufbeschworen. »Nach dem Krieg von 1967 gegen Jordanien, Ägypten und Syrien hätten wir die besetzten Gebiete Westjordanland und Gaza wieder zurückgeben müssen«, so einer der Geheimdienstdirektoren. Dies ist auch heute noch eine dringliche Notwendigkeit und würde damit die aggressive Siedlungspolitik der Israelis beenden. Ich bin ein wenig ausführlicher auf diesen Völkerkonflikt eingegangen, weil ich gestern »Töte zuerst« im Fernsehen sah und es für notwendig hielt, die späten Einsichten der Geheimdienstdirektoren mitzuteilen, in der Hoffnung, sie könnten die Kräfte in Israel unterstützen, die auch heute noch an einer ernsthaften Aussöhnung interessiert sind.

Im Frühjahr 2013 spricht der Präsident der Vereinigten Staaten Barack Obama in Jerusalem vor israelischen Studenten und beschwor das israelische Volk, Frieden notfalls auch gegen die eigene Politikerkaste durchzusetzen. Der Weg zum Frieden berge viele Risiken, doch auf die Dauer seien keine Mauer und kein Raketenabwehrsystem perfekt genug, um alle Feinde fernzuhalten.

»Es ist nicht fair, wenn Siedlergewalt gegen Palästinenser ungestraft bleibt«, sagte der US-Präsident. »Es ist nicht gerecht, palästinensische Familien aus ihren Häusern zu vertreiben. Besatzung und Vertreibung sind keine Lösung.«

In selten deutlichen Worten beschrieb der US-Präsident dabei die Ungerechtigkeiten, denen Palästinenser ausgesetzt seien, und beschwor die jungen Israelis, sich in die Lage der Nachbarn hineinzuversetzen. Frieden zu schließen sei nicht nur eine Sache der Fairness, sondern eine Notwendigkeit. Ein jüdisches und demokratisches Israel sei angesichts der demografischen Entwicklung nur möglich, wenn es ein lebensfähiges unabhängiges Palästina an seiner Seite gebe. (Spiegel Online, März 2013)

Wie Sie wissen, bauen die israelischen Siedler auch 2014 ungehemmt weiter. Ich frage mich, wann den deutlichen Worten endlich konsequente Taten folgen. Denn es sind die leeren Versprechungen, die für eine Radikalisierung in dieser Welt mitverantwortlich sind! Wenn die russische Regierung zurzeit nicht im Ukrainekonflikt einlenkt, werden einvernehmliche Sanktionen des Westens mit den USA koordiniert und Putin sitzt beim Abendessen beim G20-Treffen 2014 allein am Tisch. Mit eben diesen Sanktionen sollte unmissverständlich gegen Israel vorgegangen werden, wenn sie nicht sofort einlenken!

Unser Bewertungsmaßstab bei der Beurteilung von Personen, die Gewalt leben und für die Auswirkungen verantwortlich sind, richtet sich merkwürdigerweise nicht nach den Folgen des Handels, die bei einem terroristischen Anschlag und einem Krieg in keinem auch nur annähernden Verhältnis stehen, sondern nach den scheinbaren, nach außen hin proklamierten Beweggründen. Und hier kommt den Nachrichtendiensten und den Medien eine bedeutende Rolle zu. Das zeigten uns die Pressekampagnen im Irakkrieg, die diesen Krieg als sauberen Krieg darstellen wollten, mit lachenden Soldaten, die in wenigen Tagen wieder bei ihren Familien am Kaffeetisch sitzen sollten. Aber dieser Krieg entpuppte sich, wie alle anderen auch, als ein Krieg, in dem Blut floss und getötet wurde und der nicht gewonnen werden konnte, wie der jetzige Afghanistankrieg auch nicht.

Politiker, die offenkundig eine Kriegspolitik betreiben und keine Anzeichen erkennen lassen, aus denen wirklich friedvolle Absichten hergeleitet werden können, müssen von den Regierungen dieser Welt und den Organisationen dieser Welt wie der UNO geächtet werden.

Ich sagte vorhin »scheinbare Beweggründe«, weil es den Politikern darauf ankommt, die Parlamente und die Bevölkerung von ihrem positiven Ansinnen zu überzeugen, damit sie die Legitimation für ihre kriegerischen Handlungen erhalten. Würden sie wie ein Terrorist ehrlich sein und einfach sagen: »Ich will aus wirtschaftlichen Gründen die Ölfelder in Kuwait sichern und deswegen will ich als Präsident der Vereinigten Staaten von Amerika Krieg führen«, dann sähen die Meinungsbildung und der Rückhalt sicherlich anders aus. Ein Terrorist sagt: »Ich werde immer wieder Attentate begehen, bis die verhassten Amerikaner unser Land verlassen haben.« Die als Terroristen eingestufte baskische Untergrundorganisation ETA sagte: »Wir hören nicht eher auf mit unseren Anschlägen, bis wir Basken ein von Spanien unabhängiges, eigenständiges Land sind. Die als Terroristen bezeichnete Kurdische Arbeiterpartei PKK sagte: »Wir wollen als Volk autonome Rechte und unabhängig von der türkischen Vorherrschaft sein.« Die nordirische Untergrundorganisation IRA hat über Jahrzehnte mit ihren Anschlägen Irland und England in Atem gehalten. Sie forderte die Unabhängigkeit von Großbritannien.

Der Wunsch nach Eigenständigkeit und Unabhängigkeit gegenüber einem Land, das sie aus machtpolitischen Überlegungen nicht gewährt, führt in diesen Fällen zu Widerstand und es bilden sich Gruppierungen, die für ihre Freiheit kämpfen und den Tod unschuldiger Menschen dabei in Kauf nehmen.

Die RAF als terroristische Vereinigung hatte als Ziel, die deutsche Gesellschaft vom Kapitalismus zu befreien, und tötete vermeintliche Vertreter des Kapitalismus. Die neonazistische Zelle NSU möchte unsere Gesellschaft von ausländischen Mitbürgern befreien und beging unlängst zehn Morde.

Es gibt neben organisierten terroristischen Vereinigungen scheinbar auch ganze Länder, die »böse« sind. So gebar die Fantasie von dem amerikanischen Präsidenten George W. Bush in einer Rede zur Lage der Nation im Jahre 2002 das politische Schlagwort die »Achse des Bösen«. Dazu gehörten für ihn Länder wie der Iran, Irak und Nordkorea, die mit Terroristen alliiert seien und aufrüsteten, um den Weltfrieden zu bedrohen. Alle Menschen, die in diesen Ländern lebten, wurden kurzerhand zu Bösen ernannt, wenn sich auch sagen lässt, dass Regierungsvertreter und Herrscher in diesen Ländern Gewalt genau wie Bush selbst befürworten und unterstützen. Die Äußerung von Bush war ein unverantwortliches Anheizen von Ressentiments und kriegstreibendes Verhalten.

Eines der größten Irrtürmer in zwischenstaatlichen Konflikten ist, die Schuld nur bei dem anderen zu suchen. Einher geht damit, die Unfähigkeit, sich in die Lage des anderen hineinzuversetzen, sowie die fehlende Einsicht, sich selbst kritisch zu hinterfragen. Diese mangelnde Reflexion ist mit ein Nährboden für Terrorismus.

Der Dalai Lama als religiöses Oberhaupt der Tibeter tritt seit Jahrzehnten für die Unabhängigkeit seines Landes ein und sagte: »Wir wollen ein freies und friedliches Leben in dem Land unserer Väter leben und unsere Kultur und Religiosität bewahren.« Die Tibeter werden trotz zahlreicher weltweiter Appelle von führenden Staatsmännern, von China weiterhin unterdrückt und der Dalai Lama als Terrorist betrachtet.

Der Unterschied zwischen dem letzten und den vorherigen Beispielen ist natürlich gravierend. Während die einen Bomben zünden und damit unschuldige Menschen töten, geht der Dalai Lama einen friedlichen Weg, den Weg des Dialoges. Er zeigt allen Menschen auf dieser Welt und auch den chinesischen Machthabern das Leid auf, das den Menschen in seinem Land widerfährt, und er appelliert an Einsicht, Mitgefühl, Toleranz, Respekt und Liebe auf Seiten der Chinesen. Bisher hat es keinen Durchbruch gegeben und die Tibeter werden in ihrem eigenen Land weiterhin unterdrückt.

Gleichzeitig ist bedeutsam, dass es bisher keinen Guerillakrieg gegeben hat. Keine Gruppe von Männern tat sich zusammen, um im Untergrund Anschläge auf chinesische Einrichtungen in Tibet oder auf die chinesische Bevölkerung oder ihre Einrichtungen innerhalb Chinas auszuüben. Der friedliche Aufstand der buddhistischen Mönche in Tibet 1959 wurde vom chinesischen Militär niedergemacht. Tausende Tibeter starben dabei. Auch danach hat sich keine mörderische terroristische Vereinigung gegründet, sondern es ist soziale Verteidigung, die in Tibet stattfindet. Was darunter zu verstehen ist, beschreibe ich im Kapitel »Ein Anfang«.

Ich möchte zum Schluss des Kapitels noch über den Bruder von Machtbesessenheit, Ausbeutungswillen, egoistischem Besitzstreben und der Gewalt sprechen.

Es ist die Wut.

Wut gehört als heftige menschliche Emotion zu den Gefühlen, die in jedem Menschen aktiviert werden können und die mitunter schwer zu kontrollieren sind.

In der Wut begegnen wir unseren eigenen inneren alten Verletzungen, die berührt werden durch etwas, was im Außen geschieht. Wut führt uns zu unserem eigenen Schatten, wie C.G. Jung sagen würde. Entscheidend im Umgang mit der Wut ist, dass wir uns ihrer bewusst sind, dass sie unser Handeln von innen her speist. Erst durch unser Bewusstwerden ist es uns möglich, die Wut zu kontrollieren und in eine Form zu wandeln, die niemand anderen an Leib und Seele verletzt. Verhalten wir uns so, als gäbe es in uns nicht den Samen und die Gefühle der Wut, dann sucht die Wut, die unterdrückt wird, nach anderen Wegen sich zu verwirklichen. Dies kann zu eigenen psychischen oder psychosomatischen Krankheiten führen oder die Wut zeigt sich in gelebter Gewalt. Beides ist keine geeignete Form, um zu einem inneren, persönlichen Frieden zu kommen und schon gar nicht werden wir auf diese Weise miteinander einen friedvollen Weg gehen können.

Ich möchte Sie fragen, bei welchen Gelegenheiten werden Sie richtig wütend? Was für Situationen lösen in Ihnen Wut aus? Wie muss sich ein Mitmensch verhalten, damit in Ihnen die Wut aufsteigt? Und was muss geschehen, dass letztendlich Ihre Wut sich in gelebter Gewalt äußert? Nehmen Sie sich Zeit, um sich innerlich zu erforschen, und seien Sie offen für sich und legen Sie den alten Verleugnungsschleier beiseite. Auch wenn Ihre Religion oder Ihre moralisch ethischen Werte Gewaltlosigkeit beinhalten, entscheidend ist, was Sie wirklich in Ihrem Herzen erleben. Und seien wir uns bewusst, dass wir gerne unsere eigene Wut in andere Menschen hineinprojizieren und uns selber davon freisprechen.

Sollten Sie jetzt lieber weiterlesen wollen, dann möchte ich Sie bitten, dieses »Lauschen nach der eigenen Wut« nicht ganz unter den Tisch fallen zu lassen, weil es für Ihren inneren Frieden und den Frieden in der Welt wichtig ist, über die eigene Wut Erkenntnis zu erlangen!

Meine persönliche und therapeutische Erfahrung mit der Wut ist, dass sie einen biografischen Hintergrund hat und häufig auf Erfahrungen in unserer Kindheit zurückgeht. Auch in uns als erwachsene Person lebt das verletzte und wütende Kind weiter, das, wenn es von außen nicht gesehen, nicht verstanden, missachtet oder körperlich verletzt wird, mit seiner nicht ausgelebten und integrierten Wut reagiert. Es übernimmt dabei die Führung und der Anteil des Erwachsenen, der besonnen, überlegt und kontrolliert handeln kann, wird überlagert und es gibt nur noch eine gewaltige Eruption, die sich in jeder erdenklichen körperlichen Gewalt ausdrücken kann.

Nur hat die Wut eine andere zerstörerische Dimension, da es nicht mehr ein Kind ist, das um sich haut, sondern ein Erwachsener, der über große zerstörerische Kräfte verfügt!

Spielt dieses Phänomen in der häuslichen Gewalt eine große Rolle, neben der bewussten Züchtigung des Partners, so ist die

Wut eine Triebfeder in terroristischen Handlungen mit dem Aspekt verbunden, Vergeltung zu üben und Macht zu erlangen. Und ich bin mir sicher, dass Wut auch mit ein Ausgangspunkt für den Vernichtungswillen großer Staatsmänner ist, die ihre Wut nicht ergründet und in der Tiefe nicht erforscht haben und die dann mit all der ihnen zur Verfügung stehenden militärischen Macht gegen ein anders Volk ausleben.

Um die Wut wirklich in der Tiefe zu erfassen, ist es gut, nicht nur über sie nachzudenken, sondern mit ihr ganz eins zu werden. Betrachten wir die Wut von außen, dann ist sie unser Objekt der Betrachtung, werden wir innerlich eins mit der Wut, dann gibt es nicht mehr die Trennung von Subjekt und Objekt und wir können Einsicht in die Wut erlangen.

Wir müssen die Wut in uns umarmen, damit wir sie verstehen und transformieren können. Damit meine ich, es hilft uns nicht, beim Erkennen der Wut sie abzulehnen, zu bagatellisieren oder uns gar dafür zu verurteilen. Das würde den Weg erschweren, den Ursprung unserer Wut ergründen zu können. Mit Umarmen, meine ich, dass wir uns in die Stille zurückziehen und die Tür zur Wut mit unserer Bereitschaft, sie zu sehen, auf achtsame Weise öffnen. Da wir sie nicht kennen, gehen wir behutsam vor, um mit ihr sorgsam umgehen zu können und sie sich zeigen kann. Dann begleiten wir die Wut mit unserer Zugewandtheit und nehmen sie so an, wie sie ist. Uns wird eine Wut begegnen, die ihren Ursprung und ihre Geschichte hat, sonst wäre sie nicht da, auch nicht so, wie sie ist. Vielleicht wird uns mulmig und wir möchten die innere Betrachtung der

Wut direkt wieder abbrechen, sie auf ein anderes Mal verschieben. Diesen Widerstand, wie diese Reaktion in der Psychotherapie genannt wird, gilt es zu erkennen und zu würdigen, denn er gehört auch zu unserem innerpsychischen Abwehrsystem. Es hängt mit unserer Angst zusammen, dass wir der Wut ausweichen wollen, weil sie uns mit schmerzlichen Gefühlen aus unserer Vergangenheit in Kontakt bringt. Wenn wir dies spüren, sind wir schon auf dem heilsamen Weg, unsere Wut und die damit verbundenen traurigen Erfahrungen zu erlösen. Achtsames Atmen und das dadurch gute Verwurzeltsein in der Gegenwart hilft uns, uns wieder der Wut zuzuwenden, damit sich die Tür nicht wieder ganz verschließt und wir sie weiterhin liebevoll betrachten, wie es eine verständnisvolle Mutter mit ihrem Kind machen würde, wenn es Angst vor etwas hätte.

Erlöste Wut macht unsere Seele frei und es ist in uns ein innerer Raum für Mitgefühl uns selbst gegenüber entstanden und damit auch die Möglichkeit, anderen Menschen mit Mitgefühl zu begegnen.

Natürlich gibt es auch eine Wut, die ganz aktuell entsteht, weil wir Zeuge sind von Ungerechtigkeiten, Gewalt oder beides am eigenen Leibe erfahren. Und diese Wut hat ihre Berechtigung, weil es nicht richtig sein kann, Zustände in dieser Welt hinzunehmen, die dazu führen, dass Lebewesen und die Natur leiden! Damit wir nicht angetrieben durch diese Wut selbstzerstörerisch handeln, ist es wichtig, diese Wut in eine energievolle Empörung zu wandeln. Empörung ist eine hilfreiche Form, gegen Ungerechtigkeiten vorzugehen, besonders dann, wenn Menschen sich zusammenschließen und gemeinsam gegen ungerechte Zustände vorgehen. Sie ist im Gegensatz zur unkontrollierten Wut zielgerichtet auf Veränderung ausgerichtet. Empörung zeigt, dass der Mensch, der betroffen ist von ausbeuterischen Bedingungen, Gewalt und Krieg, nicht dazu schweigt und sich nicht mit dem abfindet, was ist, sondern alles zur Verfügung Stehende unternimmt, um für das Wohl aller Lebewesen auf dieser Welt zu sorgen.

»Das Unannehmbare annehmen« und »Das Lieben, was ist« sind wahre Sätze auf dem spirituellen Weg. Aber es ist dabei wichtig, genau zu schauen, was gehört zu den unannehmbaren Dingen und was sind Gegebenheiten und Bedingungen, die sehr wohl zu verändern sind und die der Mensch nicht fatalistisch hinnehmen sollte.

Der Tod eines lieben Menschen, ein Vulkanausbruch, Krankheit, das Altern, Trennung von dem, was uns lieb ist, und andere Dinge mehr machen uns es häufig schwer, ja zu dem zu sagen. Und dabei verdoppelt sich unser Leid, weil unser Ego die Veränderung nicht annehmen will und an den alten Zuständen festhalten möchte.

Dürfen hingegen Völker sich nicht selbstbestimmen, werden Menschen ausgebeutet, werden Flüchtlinge nicht menschenwürdig untergebracht, wird mit Nahrungsmitteln spekuliert, wird ein Mensch diskriminiert, werden die Nachbarskinder misshandelt, werden Migranten verfolgt, müssen Tiere in Massentierhaltung dahinvegetieren, wird die Erde zerstört, dann sind dies alles Zustände, die man nicht lieben kann, weil sie schrecklich sind und Leid nach sich ziehen. Vielmehr muss sich hier Widerstand regen und sich Empörung breitmachen, die auf eine radikale Veränderung der Bedingungen hinarbeitet.

Gandhi, Nelson Mandela und auch heute noch der Dalai Lama hätten nicht den Weg des gewaltlosen Widerstands gewählt, wenn wir jeden Zustand auf dieser Erde als gottgegeben hinnehmen müssten.

»Empört euch!« ist der Titel des wichtigen Buches von Stéphane Hessel, einem ehemaligen französischen Widerstandskämpfers und UN-Diplomaten.

Ich glaube nur, dass sich die Empörung zu schnell einfangen lässt von den rigiden Strukturen und Machtverhältnissen in den jeweiligen Ländern und dass es revolutionäre Kräfte braucht, die neu denken, kreativ entwickeln und radikal mit den Denkmustern von Macht, Fremdenfeindlichkeit, Verteilung von Reichtum und dem Taktieren von »Wirtschaftsinteressen gehen vor Menschenrecht« aufräumen.

Nur ein grundlegender und nachhaltiger struktureller Wandel unseres menschlichen Lebens auf dieser Erde wird zu Frieden und einer gerechten Verteilung aller Ressourcen und Güter führen, die alle Menschen an einem gerechten Wohlstand teilhaben lassen.

Arm und Reich

Ein Terrorist, ein Mensch, der Gewalt als die einzige Möglichkeit sieht, die Welt zu verändern, führt uns dahin, einen Blick auf die Verteilung von Gütern, auf Armut und Reichtum in dieser Welt zu richten. Er zwingt uns innezuhalten, um wach zu werden für das Leid in dieser Welt.

Die Schere zwischen Arm und Reich geht immer weiter auseinander. Die britische Hilfs- und Entwicklungsorganisation Oxfam hat im Januar 2014 kurz vor dem Beginn des Weltwirtschaftsforums im schweizerischen Davos mit deutlichen Worten die Verteilung von Reichtum und Besitz angeklagt. Laut einer Studie besitzen die reichsten 85 Menschen der Welt ebenso viel wie die ärmsten 3,5 Milliarden, das ist die halbe Welt!

Es ist nicht schwer, sich vorzustellen, dass ein derartig zum Himmel schreiendes Missverhältnis schwerwiegende Folgen für die Entwicklungsmöglichkeiten der Menschen mit sich bringt. Besuchen die einen Eliteschulen, können über 60 Millionen Kinder weltweit nicht einmal eine Grundschule besuchen. Bildung ist aber eine Voraussetzung für ein friedliches Miteinander und die Teilhabe an einem gerechten Wohlstand, der ökologisch und sozial verträglich ist.

Nach der neuesten OECD-Studie (Dezember 2014) hat sich die Kluft zwischen Arm und Reich in Deutschland deutlich vergrößert. Die reichsten 10 % der Bevölkerung verdienten Mitte der 80er Jahre fünfmal so viel wie die ärmsten 10 % heute liege das Verhältnis bei 7:1.

Und welches Ziel wird dabei auf die Agenda gesetzt? Im Kampf gegen Ungleichheit ist die Empfehlung der OECD eine ambitionierte Sozialpolitik, die sich vor allem auf Familien mit Kindern sowie auf junge Menschen konzentrieren und deren Lernchancen verbessern müsse. Dagegen lässt sich nichts sagen, es ist sogar auf den ersten Blick eine Maßnahme, die scheinbar das Wohl der Menschen im Auge hat, wenn es nicht im Hintergrund nur um mehr Wachstum der Wirtschaft ginge, um die Erhöhung des Bruttoinlandsproduktes! Dies hätte nämlich um fast sechs Prozentpunkte höher ausfallen können, wäre die Ungleichheit zwischen Arm und Reich auf dem Niveau von Mitte der 80er Jahre verharrt.

Es geht bei einer gerechteren Verteilungspolitik also nicht wirklich um den Menschen, die Alleinstehenden und die Kinder; sie sind nur der Mittel zum Zweck! Und wenn dieses Denken nicht revolutioniert wird, werden kapitalistische Interessen immer weiter im Vordergrund der politischen und wirtschaftlichen Entscheidungen stehen.

Bei der Offensichtlichkeit der derzeitigen weltweiten Radikalisierung von jungen Menschen, die sich den Salafisten und dem Dschihad anschließen, scheinen wir nicht zu begreifen, dass Diskriminierungen und Frustrationserfahrungen in der Schule, in der Familie, im sozialen Umfeld, in Zusammenhang mit Armut und Aussichtslosigkeit ein Abgleiten von Jugendlichen und jungen Erwachsenen in terroristische Netzwerke begünstigen. Erlebte Demütigungen können wie bei einem Amokläufer die Reaktion von gnadenloser Gewalt hervorrufen. Junge Menschen benötigen Aufmerksamkeit und ehrliches Interesse an ihrer Person und dürfen nicht auf einen kalkulierbaren Wirtschaftsfaktor für das Bruttoinlandsprodukt reduziert werden. Vielmehr sind Anerkennung, Aufmerksamkeit und

Förderung ihrer persönlichen Neigungen und Fähigkeiten eine Grundlage für ihre positive Persönlichkeitsentwicklung und für ein friedvolles Leben in der Gemeinschaft.

Extrem ausgeprägte Unterschiede in der Verteilung von Reichtum haben auch fatale Folgen für die Stabilität von Demokratien. Konzentriert sich der Reichtum auf eine winzige Elite, werden sich dadurch Nachteile für alle ergeben. Soziale Spannungen sind ebenso eine oft beobachtete Folge entsprechender Entwicklungen, wie Benachteiligung von Frauen oder Chancenungleichheit.

Die Menschen in den Industrieländern leben in einem Wohlstand, der alles zur Verfügung stellt, was die materielle Welt nur bieten kann. Fast jeder Haushalt verfügt neben dem selbstverständlichen Fernseher auch über eine Mehrfachausführung. Mittlerweile steht auch je ein Fernseher in den Kinderzimmern, eins verhilft im Schlafzimmer die Zeit totzuschlagen und ein Fernseher ist im Bad angebracht, damit man, während man seine Notdurft verrichtet, auch die Zeit für die neuesten Nachrichten nutzen kann. Computer und Laptop mit Internetanschluss sind selbstverständlich geworden. Ein Smartphone für jedes Familienmitglied, sobald auch die Kleinsten damit umzugehen wissen, ist Usus. Der Weg über den Zweitwagen zum Fahrzeugpark für die unterschiedlichsten Gelegenheiten ist ebenfalls geebnet. Während ich dies schreibe, denke ich: Wahnsinn! So ist der Alltag für die meisten Menschen in unseren Landen. Die Zeiten haben sich gewaltig geändert! Als ich Kind war, hatten wir zu Hause weder einen Fernseher noch ein Telefon. Die Technisierung lässt sich nicht aufhalten, muss auch nicht. Sie muss in einem gesunden Verhältnis stehen zu unserer Angebundenheit an die Natur. Aber das nur nebenher gesagt.

Wollen wir uns gemeinsam für eine friedliche Welt einsetzen, dann müssen wir uns immer wieder vor Augen führen, dass Armut nicht nur eine große Unmenschlichkeit ist, die wir zulassen, sondern dass Armut den Menschen keine andere Möglichkeit lässt, als sich auf den Weg zu machen in Länder, denen es an nichts fehlt. Weitere Flüchtlingsströme sind damit vorprogrammiert.

Unser gegenwärtiger Wohlstand regeneriert sich aus der ökologischen Ausbeutung von Entwicklungsländern über weltwirtschaftliche Handelsstrategien wie u.a. Schutzzölle und Marktpreisregulierung. Hier bereichern sich Unternehmer und Spekulanten auf dem Rücken von Schwachen und Armen und jeder Einzelne von uns profitiert davon, da er mit seiner Hauptsache-billig-Einstellung diesen Kreislauf von Ausbeutung unterstützt. Wird von den Industrieländern keine konsequente globale Gerechtigkeit umgesetzt, dann bereichern wir uns weiterhin am Leid unserer Mitmenschen. Leidende Menschen haben nicht viele Handlungsmöglichkeiten. Wache ich jeden Tag auf und erlebe außer meiner eigenen Not das Leid meiner Geschwister, Großeltern und Eltern, meines Dorfes, meines Volkes, dann ist meine Radikalisierung ein Versuch, dem täglichen Leid zu entkommen und für eine Veränderung der sozialen und ökologischen Bedingungen zu kämpfen. Für mich fühlt es sich so an, dass es besser ist, in Würde als junger Mann zu sterben und einen letzten Versuch unternommen zu haben, das Leben zu verändern, als elendig zu verhungern. Denn alle Schreie, alles Klagen, alles Mahnen an die Wohlhabenden dieser Welt ist nicht mehr als ein Schlag in den Wind. Es muss unerträglich sein, zu wissen, dass auf der anderen Seite der Welt Menschen leben, die nicht nur genug zu essen und zu trinken haben, sondern Millionen von Tonnen guter nahrhafter Lebensmittel verkommen lassen und wegschmeißen. Meiner Meinung nach ist Wut und ein abgrundtiefer Hass auf den Westen, auf alles, was aus diesen Ländern kommt, eine nachzuvollziehende innere Dynamik. Die Boko Haram »Westliche Bildung verboten« in Nigeria haben sich diesen Namen gegeben. Doch nicht weil sie die westliche Lebensweise nachvollziehen und tolerieren können, sondern weil ein abgrundtiefer Hass auf alles Westliche sich aufgebaut hat. Sie greifen zu entsetzlichen Mitteln, entführen junge Menschen, überfallen Schulen, um ihre Abscheu, ihren Hass auszudrücken.

Was würde Ihnen einfallen, wenn Sie in Ihrer Wohnung hungern und alle Nachbarn in Saus und Braus leben und das Zuviel an Nahrungsmitteln lieber auf einen Müllhaufen werfen, als es bei Ihnen vorbeizubringen? Was würde sich in Ihnen abspielen, wenn Sie nach langem Bitten und Betteln zum zigsten Mal abgewiesen worden wären? Wie würden Sie sich verhalten, wenn Sie sich beklagt hätten in der Öffentlichkeit, bei Ämtern und alle nur mit der Schulter gezuckt und gesagt hätten, dass man da wohl nichts machen könnte.

Ich möchte nicht, dass Sie diese Überlegungen einfach so abtun, denn dann lehnen Sie sich in Ihrem Sessel einfach zurück und sagen sich, dass man das so nicht vergleichen kann und im Übrigen, was kann ich dafür?

Gleichgültigkeit ist eines der weitverbreitetsten und schlimmsten Todeswaffen! Sie trägt zur Aufrechterhaltung menschlichen Leids, zur Radikalisierung und Gewalttätigkeit in unserer Welt bei. Am 20. November 2014 vor 25 Jahren war ein besonderer Tag, es traten die Kinderkonventionen der Vereinten Nationen in Kraft. Und bis es so weit war, dauerte es Jahrzehnte. Die Kinderkonventionen regeln, dass auch die normalen Bürgerrechte für Kinder gelten! Was waren Kinder eigentlich vor dieser Konvention? 25 Jahre sind eine lange Zeit zur Umsetzung und Entwicklung der grundlegenden Rechte. Dazu gehört u.a. das Recht auf Gleichbehandlung, Bildung, Freizeit, Schutz vor Grausamkeiten, Frieden, Gesundheit und damit auf Wasser, Nahrung und medizinische Versorgung.

Es sind natürlich auf unserer Welt nicht die Kinder der Mächtigen und der Politiker, die leiden, sondern es sind die Kinder der Eltern, die arm, rechtlos, ausgebeutet und verelendet sind. Es sind Kinder, die geschützt werden müssten, aber nach 25 Jahren werden Kinder immer noch prostituiert, verkauft, verschleppt, um als Kindersoldaten zu töten und sind zu Tausenden alleine auf der Flucht, weil ihre Eltern in Kriegen getötet wurden.

Die UNO-Kinderkonvention feiert ihren 25. Geburtstag!

Herzlichen Glückwunsch!

Es fällt mir schwer, da nicht ironisch zu werden bzw. nicht in meiner Wut über diese traumatischen Verhältnisse der Kinder, die ein Leben daran leiden werden, wenn sie nicht schon früher an den Folgen sterben, zu sagen: »Ihr Verantwortlichen, mögen eure Kinder einen Tag das Leid dieser Kinder ertragen, damit ihr endlich durchgreifend dafür sorgt, dass sich das Wohl all dieser verletzten Kinder sofort ändert und wir nicht beim nächsten Geburtstag resümieren müssen, es hat sich nichts getan.«

Wir gehen zum Alltag über und sagen bestenfalls: »Da wird sich schon jemand drum kümmern, ich habe genug eigene Sorgen.« Und wenn Sie abends Nachrichten in Ihrem warmen Wohnzimmer schauen, bei einem Glas Wein oder einer Flasche Bier, dann sehen Sie Bootsflüchtlinge mit ihren Kindern, die ihr Letztes gegeben haben, um unter Lebensgefahr aus Afrika fliehen zu können. Hunderte ertrinken jedes Jahr. Und diese Menschen haben ein Recht auf Leben, auf Freiheit, auf das tägliche Brot und ein Recht auf Heimat. Deshalb muss sich jeder für eine gerechte Verteilung der Ressourcen auf unserer Erde engagieren. Täglich erleben wir den globalen Wettbewerb und Kampf um die knapper werdenden Rohstoffe. Wir lernen nicht, uns mit dem Bewusstsein um die großen Ungerechtigkeiten und Nöte auf dieser Welt sozialverträglich einzuschränken und neue zukunftsfähige Formen von Wirtschaftsordnungen voranzutreiben. Es ist schon längst keine Zeit mehr zu warten, die erkannten Konfliktherde zu bagatellisieren und vor sich herzuschieben.

Die Uhr steht schon längst auf nach zwölf!

Während bei uns, in den Industrieländern Lebensmittel zu Tausenden Tonnen vernichtet werden, verhungert in der Welt alle drei Sekunden ein Mensch. Das sind etwa 8,8 Millionen Menschen, die in einem Jahr an Hunger sterben, laut dem Welternährungsprogramm der Vereinten Nationen (WFP, 2013). Rund 870 Millionen Menschen leiden weltweit an Hunger, etwa jeder achte (12 %). Nach Ansicht verschiedener Beobachter ist der Welthunger nicht von mangelnder Produktion verursacht, sondern von ungerechter Verteilung. Laut UN werden jedes Jahr 1,3 Milliarden Tonnen Lebensmittel in den Müll geworfen, was rechnerisch etwa viermal so viel wie nötig wäre, um das Hungerproblem in der Welt zu lösen. Allein die in den Industrienationen weggeworfene Menge von 300 Millionen Tonnen jährlich würde reichen, um alle hungernden Menschen zu ernähren. Es ist ein nicht zu fassender Skandal, dass dies in unserer zivilisierten Welt überhaupt möglich ist. Die meisten Menschen verhungern in Asien, Afrika und Lateinamerika. Das hängt heute noch mit den wirtschaftlichen Strukturen der Länder zusammen, die noch aus der Kolonialzeit stammen. Die Industrieländer zwangen ihre Kolonien zum Export von ihrem häufig einzigen Rohstoff und gleichzeitig zur Abnahme ihrer Industriegüter. 2001 waren 95 % aller Exporte von Guinea-Bissau Cashewnüsse. Entsprechend schwer werden diese Länder von Preisschwankungen dieser Produkte getroffen. Dazu kommen für diese Länder nachteilige Welthandelsstrukturen. Die Industrieländer schränken mit Handelsbarrieren den Import landwirtschaftlicher Produkte aus Entwicklungsländern ein. Das ist zwar für die Industrieländer wirtschaftlich nützlich, fällt aber m. E. unter strukturelle Gewalt, da es in einem schwerwiegenden Maße nicht nur zu einer Abhängigkeit der Entwicklungsländer führt, sondern auch zu Unterernährung und Hungertod der dortigen Menschen.

So geht es auch hier um Vorteilsnahme durch vorhandene Macht und nicht um gerechte Lebensbedingungen. Ebenso dramatisch wirken sich Spekulationen mit Nahrungsmitteln an den Börsen auf die Entwicklungsländer aus, indem sie zu verzerrten Preissignalen führen, die nicht die Knappheit eines Nahrungsmittels wiedergeben, aber oft schwankende und überhöhte Preise nach sich ziehen. In dem Film »Hunger« von dem Journalisten Klaus Kleber im Herbst 2014 wurde gezeigt, wie tonnenweise Reis in Säcken vergammelte, während im gleichen Indien Tausende Menschen an Hunger leiden und verhungern. Diese Spekulanten nutzen die rechtlichen Möglichkeiten des Kapitalismus aus, bereichern sich und bringen damit tausendfaches Leid und Tod in die Welt!

Das nenne ich terroristisches Handeln!

In unserer kapitalistischen Denkweise geht es um die Anhäufung von Kapital. Wir werden zu börsenorientierten Monstern, die eine App auf ihrem Smartphone haben und jeden Moment informiert werden, falls sich der Aktienkurs geändert hat. In jeden Fernsehnachrichten werden uns die Börsenkurse unterbreitet und wir sehen die Entwicklung des DAX, des NASDAQ und die verzweifelten Gesichter der Börsianer, wenn der Kurs um einen Prozentpunkt nach unten geht. Stagnieren die Wirtschaftsdaten oder werden sie nach unten korrigiert, dann entsteht Weltuntergangsstimmung, als könnte permanent der Umsatz gesteigert werden, und wenn hier in Europa der Autoabsatz stagniert, dann werden die Asienmärkte anvisiert und jedem Menschen wird signalisiert: »Steige von deinem Fahrrad und

Maultier auf ein Auto um, sonst kannst du nicht glücklich sein und am Wohlstand dieser Welt teilhaben.«

Es dürfte mittlerweile jedem Menschen bekannt sein, dass der Fleischkonsum besonders in den Industrieländern stark gestiegen ist. Jedes Schnitzel und Steak auf unserem Teller trägt zur Unterernährung und Hunger in unserer Welt bei, da heutzutage fast alle Tiere für die Fleischproduktion mit Getreide gemästet werden. Dabei wird etwa ein Drittel der weltweiten Getreideernte für die Fütterung von Nutztieren verbraucht. Nur etwa 10 % des verfütterten Getreides wird dabei in Fleischmasse umgewandelt, die restlichen 90 % sind für die menschliche Ernährung verloren. Es mag kurzfristig nicht möglich sein, Börsenspekulanten das Handwerk zu legen, die mit Nahrungsmitteln ihre Gewinne erzielen wollen, aber unseren Fleischkonsum drastisch zu reduzieren, ist von heute auf morgen machbar! Wobei die Verbraucher in Deutschland langsam bewusster mit dem Fleischkonsum umgehen und eine vegetarische und vegane Ernährungskultur großen Zulauf erhält. Auf der anderen Seite werden die Asienmärkte für Milch und Fleisch geöffnet und vieles von dem, was hier erwirtschaftet wird, wird dorthin exportiert.

Wie verrückt sich unreflektierte Essgewohnheiten einbürgern, wurde kürzlich in einer Dokumentation über das Verhalten von deutschen Verbrauchern und Lebensmittelkonzernen ins Bewusstsein gehoben. Es ging um die Auswahl von Obst und Gemüse beim Einkauf. Da darf keine Gurke krumm, keine Möhre verzweigt, keine Kartoffel missgestaltet, kein Apfel befleckt und keine Birne zu schlank sein. Lebensmittel, die nicht einer wie auch immer entstandenen Idealvorstellung entsprechen, werden nicht gekauft und mittlerweile schon bei der Ernte von den Landwirten aussortiert und weggeworfen! Und dabei sind sie den wohlgestalteten Nahrungsmitteln ebenbürtig und in keiner Weise weniger wert! Es ist sehr wichtig, dass es uns Menschen bewusst wird, nach welchen Kriterien wir Obst und Gemüse auswählen und einkaufen. Würden wir im eigenen Garten unser Gemüse ziehen und unser Obst anbauen, dann hätten wir diese irrigen Vorstellungen von einer perfekten Möhre nicht im Kopf, sondern würden uns über den frischen, gesunden Geschmack freuen, wenn wir sie aus der Erde ziehen, abputzen und hineinbeißen. Meine Eltern hatten immer einen Gemüsegarten und sie nahmen uns selbstverständlich mit hinein, um ihn zu bewirtschaften. Meine Geschwister und ich haben etwas mitgeholfen, ansonsten gespielt, während unsere Eltern den Boden umgruben, säten, pikierten, Unkraut zogen und mit Brennnesseljauche düngten. In der Erntezeit wurden Bohnen, Erbsen, Pflaumen und Birnen gepflückt und eingeweckt, damit im Winter genügend Vorrat vorhanden war. Heute lagere ich selbst noch Äpfel ein und koche mit meiner Frau Marmelade aus Rhabarber, Johannis-, Stachel- und Himbeeren, mache Pflaumenmus, backe gerne Apfelkuchen und wir sammeln die Maronen auf, die uns der Esskastanienbaum schenkt. Hin und wieder schaffen es auch ein paar Zucchini zu reifen, wenn die vielen Nacktschnecken sie nicht schon im Blütestadium auffressen. Doch auch ich habe Großteile meines Gartens in einen japanischen Garten umgewandelt und führe nicht mehr mit dem gleichen Elan meinen Biogarten, sondern kaufe vieles auf dem Markt, bei unserem ortsansässigen Biobauern dazu, da ich in meinem Leben andere Schwerpunkte gesetzt habe. Aber nicht alle Menschen verfügen über einen Garten oder sie gestalten ihn komplett als Freizeit- und Erholungsraum, weil neben dem normalen Gelderwerb von Mann und Frau eine Menge an Zeit und Energie investiert werden muss, die zahlreiche Menschen nicht mehr gewillt sind aufzubringen. Gartenarbeit wird von vielen nicht als freudiges Tun erlebt, sondern als lästige, zeitfressende Arbeit. Das führt dazu, dass unsere Kinder Anbau von Obst, Gemüse und Kräutern immer weniger als grundlegende Tätigkeit für das eigene Leben begreifen und nicht mehr wissen, woher das Gemüse, Obst, Getreide und die Milch kommen. Sogar in ländlichen Gebieten verbreitet sich dieses Nichtwissen, wie mir meine Frau, die als Grundschullehrerin tätig ist, erschrocken berichtet. So kennen Kinder fast nur noch den Supermarkt, in denen scheinbar all das perfekte Gemüse und Obst in den Kisten wächst und die Milch und Sahne nicht aus Kuheutern, sondern aus säuberlich gekennzeichneten Behältern kommen. Da ist es verständlich, wenn langsam und unreflektiert der Mensch den Bezug zur Erde, zu Wachstumsprozessen und der Verbundenheit von Sonne, Regen und Erde verliert. Hier geht existenziell überliefertes Wissen in großem Maße verloren.

Wie gut, dass es da manche Projekte gibt, die diesem Prozess entgegenwirken. So gab es in Berlin ein unbebautes Gelände, auf dem eine Initiative einen Garten anlegte und Menschen aus der Umgebung sich nach Zeit und Lust einbringen konnten. Am Aasee in Münster gab es im Wasser ein künstlerisches Gartenprojekt, wo das ganze Jahr 2013 hindurch gesät und geerntet wurde, um den Menschen diese Notwendigkeit und Freude am Tun wieder nahezubringen. Verliert der Mensch den Kontakt zur Erde und zu den Naturelementen, entfernt er sich immer weiter von seinen Wurzeln und den Ursprüngen des menschlichen Seins. Kinder bauen keine Buden mehr in der Erde und auf den Bäumen, sie schmecken nicht mehr die herbe Süße einer frisch geernteten Rhabarberstange. Sie sind vielmehr am Computer unterwegs und erwirtschaften sich in simulierten Welten Geld und Gold, um sich Werkzeuge zu kaufen, mit denen sie dann Häuser bauen und die Landwirtschaft gestalten können. Aber sie spüren nicht den Wind und den Regen am eigenen Körper, riechen nicht die nach Herbst duftende Erde, machen ihre Hände nicht schmutzig und spüren nicht die Bewegung in den eigenen Gliedern und aufkommende Müdigkeit, während sie all das schaffen.

Das sorglose Verfügen über Lebensmittel, wobei es auch in Deutschland, einem der wohlhabendsten Industrieländer, Armut und Not von Menschen gibt, die nicht ausreichend zu essen haben und zu karitativen Einrichtungen gehen müssen, um sich eine warme Mahlzeit zu holen, lässt die Not andere Menschen in dieser Welt übersehen, die an Unterernährung sterben und keinen Zugang zu frischem Trinkwasser haben. Wie geht es da einem Menschen, der seine Kinder nicht mehr ernähren kann, sie krank erlebt und sterben sieht? Wie geht es einem Menschen, der kilometerweit zu Trinkwasserlöchern laufen muss, um dann nur verschmutztes oder verseuchtes Wasser zu trinken.

In Ländern auf dieser Erde wie Afghanistan, Irak, Syrien, Somalia, die unter Bürgerkriegen leiden, gehören Hunger und Flucht zum Alltag des Lebens. Mosambik gehörte bis heute, 2014!, 20 Jahre nach Beendigung des Bürgerkriegs, zu den am meisten verminten Ländern auf der Welt. Bis jetzt starben immer noch Menschen oder sie wurden durch die Explosion dieser alten, aber noch funktionierenden Minen verstümmelt, wenn sie ihre Dörfer verließen, um auf ihren Feldern zu arbeiten.

Das Leid der Menschen hört nach Beendigung von Kriegen nicht auf! Ich selbst habe den Zweiten Weltkrieg nicht mehr miterlebt, sondern gehöre zu der Nachkriegsgeneration, deren Eltern den Krieg erlebt haben und traumatisiert wurden. Als Kind habe ich Kriegsspiele mit meinen Freunden gespielt, »Der Kaiser schickt seine Soldaten aus …« (Erster Weltkrieg) und »Deutschland erklärt den Krieg gegen …« (Zweiter Weltkrieg) und der Zweite Weltkrieg war 15 Jahre vorbei. Wir leben bald 70 Jahre ohne Krieg in Deutschland. Ich weiß nicht, wie es gewesen wäre, wenn immer noch Krieg, Hunger und Flucht das Leben bestimmt hätten. Ich weiß nicht, wie ich mich entwickelt hätte, wenn ich in einem Land leben würde, auf dessen Boden die Großmächte dieser Welt ihre eigenen wirtschaftlichen und politischen Machtinteressen ausspielen würden. Diese Realität der Gewalt, der Fremdbestimmung, der diplomatischen Lüge, der Ausbeutung von Mensch und Natur, der Korruption, der Bereicherung der landeseigenen Industrie durch Waffenlieferungen an die unterschiedlichen Lager im Land wäre mein Alltag gewesen. Dieses tägliche Erleben hätte mein Denken und mein Fühlen, meine Ängste um meine Familie, meine Freunde, meine Gesundheit, meinen Glauben, mein bisschen Hab und Gut und die Ängste um meine Seele bestimmt.

Was wäre aus mir geworden? Was wäre aus dir geworden, wenn wir es zusammen erlebt hätten? Können wir diese Frage einfach und leicht beantworten? Ich kann es nicht. Auch ich bin fähig ärgerlich zu sein, Wut und Hass zu empfinden, wenn ich bedroht werde. Während ich hier im Sauerland sitze und dieses Buch schreibe, lerne ich einen Dachdeckermeister kennen, der sich hier beim Wandern und der Ruhe von der Arbeit erholt. Als ich ihm etwas von der Thematik erzähle, sagt er direkt: »In jedem von uns steckt doch ein Terrorist!«

Der Wunsch nach Macht

Ein Terrorist, ein Mensch, der Gewalt als die einzige Möglichkeit sieht, die Welt zu verändern, weist uns darauf hin, dass Menschen Macht über andere Menschen besitzen wollen und diese auch gnadenlos ausleben.

Macht ist ein Thema, das sich durch alle Altersphasen, Generationen, Familien, Gruppen, Organisationen, Staatengemeinschaften und Völker zieht. Der nach Macht Strebende ist innerlich in seinem Herzen nicht genug ausgefüllt. Ihm reicht sein SEIN nicht. Er ist unruhig, getrieben von dem Gefühl, es ist alles nicht genug. Er möchte seine Vorstellungen, Ideen, Bedürfnisse ausleben, sei dies im individuellen Bereich mit ihm nahestehenden Personen oder in Vereinen, beruflichem Kontext oder der Politik. Der Machtmensch will die Richtung, den Weg, andere Menschen bestimmen und er duldet keinen Widerspruch. Macht gibt ihm das Gefühl, wer zu sein, größer, wichtiger als die anderen. So ist Macht eng mit den Themen Angst und Minderwertigkeit verbunden. Wer nach Macht strebt, hat Angst, nicht genug gesehen, gewürdigt und respektiert zu werden. Er lebt aus einem Defizitgefühl heraus und wird persönliche biografische Erfahrungen gemacht haben, die mit Kontaktmangel, fehlender Gemeinsamkeit und Emotionalität, Konventionalität, Demütigung und Strenge des Elternhauses einhergingen. Der Erziehungsstil wird zu Hause autoritär und an Leistung, Lohn und Strafe orientiert gewesen sein.

Diese Erfahrungen werden auch auf Terroristen zutreffen, die bestimmte negativ belastende soziale, politische, wirtschaftliche oder gesellschaftliche Bedingungen erfahren haben. Die Erfahrung der Fremdbestimmung, Unterdrückung autonomer

Bestrebungen und der damit verbundenen Ohnmacht, keine Veränderungen herbeiführen zu können, führt zu Widerstand, Aufbegehren, Unruhen und Protesten. Dies ist im individuellen Bereich so, betrifft Minderheiten ebenso wie ganze Völker.

Im Verlaufe des Jahres 2010 und zu Beginn des Jahres 2011 kam es in einigen arabischen Ländern zu Unruhen und friedlichen Protestdemonstrationen mit der Forderung nach Veränderung der in diesen Ländern herrschenden sozialen und ökonomischen Zustände. In Tunesien, Ägypten, Jemen, Bahrain, Libyen und schließlich auch in Syrien entwickelten sich diese zunächst friedlichen Demonstrationen zu machtvollen Aufständen. Hätten die Machthaber nicht die Angst vor dem Machtverlust und würden sie sich nicht als Herrscher über ein Volk und Land verstehen, sondern als ein zum Wohle aller Menschen sich bemühender Volksvertreter, dann wäre ein friedlicher Wandel möglich gewesen und in Libyen und Syrien hätte es nicht zu einer militärischen Eskalation kommen müssen. Die den gesamten nahöstlichen Raum erschütternden Ereignisse waren Ausdruck eines tiefgehenden gesellschaftlichen Wandlungsprozesses, der von den internationalen Medien als »Arabischer Frühling« bezeichnet wurde. Aber was bleibt den Menschen, die endlich den Mut gefunden haben, ihre Stimme zu erheben und sich friedlich für einen Wandel einzusetzen? Mag eine Vielzahl der Menschen wieder in die alten Verhältnisse der Unterdrückung zurückkehren oder mit einer sozialen Verteidigung und einem gewaltfreien Widerstand reagieren, so sind es doch viele Menschen, die sich radikalisiert haben und weiterhin für neue gesellschaftliche Verhältnisse kämpfen.

Arabische Monarchien mit ihren nahezu uneingeschränkt feudalen Gesellschaftsstrukturen lassen sich nicht mit europäischen demokratisch ausgerichteten Gesellschaften und deren Prozessen vergleichen, aber auch in unserem Kulturkreis gibt es Strebungen nach Unabhängigkeit.

In diesem Jahr ging es in Schottland den Schotten um die wichtige Frage der weiteren Zugehörigkeit zu Großbritannien oder um politische Unabhängigkeit, ein eigenes autonomes Schottland, das nicht mehr zum Vereinigten Königreich Englands gehört. Es gab eine Volksabstimmung nach langer und intensiver Vorbereitung. Eine knappe Mehrheit der Schotten sprach sich gegen eine Loslösung von England ab.

Es war ein demokratischer Prozess mit allen Ängsten und Schwarz-Weiß-Malereien. Es gab und gibt keine Gewalt, keine Unterdrückung, keine Ausbeutung. Dieser Prozess könnte Vorbild sein für andere Länder, in denen Völker nach Unabhängigkeit, Selbstbestimmung streben. Es sind die Basken in Spanien, die Südtiroler in Italien, die Kurden in der Türkei und die Hawaiianer, um nur einige zu nennen. Aber es gibt eine Angst der Mutterländer. Es ist die Angst vor dem flächenmäßigen Verlust an Staatsgebiet und damit auch an Einwohnern. Die Steuereinnahmen gingen zurück, denn gerade die Völker, die für ihre Autonomie kämpfen, stehen finanziell gut da. Auch könnten Subventionen der EU gekürzt werden.

30 Millionen Kurden kämpfen in der Türkei, im Irak, in Syrien und im Iran seit Jahrzehnten für eine Anerkennung und einen eigenen Staat. Sie wurden unterdrückt, diskriminiert. 1988 ließ Saddam Hussein im Irak Giftgas über Halabdscha abwer-

fen und bis zu 5.000 Kurden wurden dabei getötet. Früher verteufelt als Terrororganisation PKK und heute hofiert und benutzt, um einen Stellvertreterkrieg gegen den Islamischen Staat zu kämpfen. Und das Natomitglied Türkei unterstützt den IS, weil es die Kurden nicht stärken will. Es ist unerträglich, dass aus machtpolitischen Interessen ein Volk sich nicht selbst bestimmen kann. Es ist die Angst der Türkei und Syriens, die Kurden in Freiheit zu entlassen, obwohl diese schon weitgehende Gebiete fruchtbar aufgebaut haben. Kurdistan in der Türkei und Afrin in Syrien.

Wie immer möchte ich mich und Sie deshalb fragen, wie würden wir reagieren auf Unterdrückung, Entrechtung, Bevormundung? Wir brauchen nur aus unserer Biografie eine kleine Situation nehmen, in der wir in dieser Weise behandelt worden sind oder zugesehen haben, wie jemand anderes so behandelt worden ist. Wahrscheinlich ist es auch dermaßen ungeheuerlich, über Jahrzehnte unterdrückt worden zu sein, dass wir es nur in Ansätzen mitfühlen können.

Ich spüre die ungeheuerliche Ohnmacht, die Verzweiflung und den Hass der Menschen, denen die Würde auf diese Weise genommen wurde. Und wenn ich den Bericht im Spiegel Nr. 44 vom 27. Oktober 2014 über die Kurden lese und höre, wie ein junger PKK-Aktivist sich von der Türkei hintergangen fühlt und sagt: »Falls Kobane untergeht, setzen wir die Türkei in Brand«, bin ich betroffen über das dort schlummernde Gewaltpotential.

Die militärische Macht eines Mutterlandes hält ein Volk, das auf eigenständigen Füßen stehen will, im Klammergriff. Und so gebiert Unterdrückung und Gewalt immer wieder neue Gewalt.

Würde die demokratische Weltgemeinschaft sich ernsthaft dafür einsetzen, dass in allen Ländern, in denen diese Konfliktherde bestehen, ein friedlicher demokratischer Prozess der Ablösung eines Volkes möglich wird, wäre die Welt um ein Vielfaches friedlicher und der Nährboden für Terrorismus wäre deutlich verringert. Und wenn dieser Dialog mit nach Freiheit strebenden Völkern nicht geführt und mit demokratischen und finanziellen Mitteln unterstützt wird, dann ist dies eine menschenunwürdige Fortsetzung von unterdrückender Gewalt gegenüber dem Selbstbestimmungsrecht eines Volkes, das unkalkulierbare Gewalt und Terrorismus nach sich zieht und von uns mit zu verantworten ist.

Menschen eines anderen Glaubens mit machtvoller Gewalt »bekehren« zu wollen, erleben wir zurzeit besonders bei dem IS. Er will mit aller Macht ein Kalifat errichten und die Kämpfer des IS haben die Machtlücke im Irak nach der Beendigung des Krieges durch die USA ausgenutzt, um mit Waffengewalt seine Vorstellungen durchzusetzen. Auch hier steht für mich die Angst der Kämpfer im Hintergrund, von westlichen Lebensweisen überrollt zu werden. Sie möchten einen Gottesstaat frei von westlichen unmoralischen Einflüssen, frei von einer Coca-Cola-Lebensweise und ohne Internet und Handy.

Dieses terroristische Machtstreben orientiert sich nicht an den Lebensweisen anderer Menschen, an ihren Glaubens- und Wertvorstellungen. Es ist fixiert auf eigene geistige Vorstellungen und will diese realisiert sehen und ist gewillt, zur Not auch über »Leichen« zu gehen. Neben dem Fehlen des Einfühlens und dem Geltenlassen anderer Meinungen kalkuliert der Machtbesessene auch die Benachteiligung von anderen ein bzw. nimmt in Kauf, dass andere persönliche Schäden davontragen, sei es in wirtschaftlicher, körperlicher oder seelischer Gesundheit.

Und betrachten wir einzelne Täter wie Breivik in Norwegen oder Tätergruppen, wie die NSU in Deutschland, die für ihre Ideologien unschuldige Menschen töteten, dann sehen wir auch Machtmenschen, die in politischen Ämtern, wie der ehemalige amerikanische Präsident Bush oder der syrische Präsident Assad, um nur einige zu nennen, bereit sind zu töten bzw. töten zu lassen. Aktuell ist auch der russische Präsident Putin als eine Person zu nennen, die ihren Machtbereich erweitern will und in der Ukraine ein gefährliches Spiel mit dem Frieden treibt. Und die genannten Personen sind Beispiele dafür, wie sie die Welt aus ihrer ideologisch verkappten Sichtweise betrachten und nach außen hin in der Öffentlichkeit vertreten und sogar versuchen, die Welt zu täuschen, indem sie die Realität verdrehen bzw. sie in ihrem Machtwahn nicht mehr klar erkennen können. Verfügen die Menschen aufgrund ihres Amtes über eine große Macht, manipulieren sie die Realität, indem sie Fakten wegfallen lassen bzw. neue erfinden, um ihren persönlichen Feldzug zu einem Feldzug ihres Volkes werden zu lassen. Je mehr Verbündete sie finden, desto größer ist ihr eigenes Machtgefühl und sie fühlen sich bestätigt und gestärkt in der Position, für eine wahre Sache zu kämpfen, zu töten, in den Krieg zu ziehen.

Menschen, die nach Macht streben, sind beseelt von ihrem Machtstreben und ihnen ist die innere Distanz zum eigenen

Verhalten und den damit verbundenen Folgen für die Mitmenschen bzw. die Natur verloren gegangen. Ihre Reflexionsfähigkeit ist eingeschränkt. Es gibt keinen Platz mehr in ihrem Denken für eine andere Sichtweise als die ihre. Die Fähigkeit zur Empathie und Ambiguitätstoleranz, die es ermöglichen würde, sich zu verständigen und bei Interessenkonflikten nach einer gemeinsamen, für alle Beteiligten positiven Lösung zu suchen, ist nicht vorhanden bzw. wird ausgeschaltet. Im terroristischen Kopf gibt es nur noch ein Einordnen und Passendmachen der Realität in das zurechtgelegte Konzept. Ansonsten würden sie sich, ihre Bewegung schwächen und ihre terroristische Kraft nicht genug bündeln.

Wer nicht für sie ist, ist gegen sie.

Es gibt kein »Man könnte es ja auch mal aus einer anderen Sichtweise betrachten« mehr.

Der Wunsch nach Macht ist ein uraltes Menschenthema und wird auch das Menschsein auf alle Zeiten begleiten. Schon die Bibel zeugt vom ersten Wunsch des Menschen, über Macht verfügen zu wollen. Der Sündenfall, indem Adam einen Apfel vom Baum der Erkenntnis nahm, weist auf den inneren Drang des Menschen hin, mächtig sein zu wollen, ja, sogar so mächtig wie Gott selbst. Dabei lebten die ersten biblischen Menschen im Paradies und konnten über äußere Verhältnisse nicht klagen. Und unsere heutige Welt schreit unter der Last von sozialer Ungerechtigkeit, Gewalt und Ausbeutung und Zerstörung der Natur. Das Thema Macht gehört zu den Grundthemen der Menschheit wie Gewalt und Liebe und es erfordert von uns immer wieder eine aktuelle Auseinandersetzung. Macht begegnet uns schon mit frühestem Werden.

Schon im Mutterleib sind wir darauf angewiesen, dass unsere Eltern zu uns ein liebevolles Verhältnis aufbauen. Eine ungesunde Lebensweise der Mutter mit Rauchen, Alkoholtrinken, schlechter Ernährung und Stress wirkt sich direkt negativ auf die kindliche Entwicklung aus. Sind wir erst einmal auf der Welt, sind wir auf Gedeih und Verderb den Menschen ausgeliefert, die für uns verantwortlich sind. In unserer weiteren Entwicklung kommt alles darauf an, ob wir als eigenständige Personen wahrgenommen werden, die ein Recht auf ihre Individualität haben, oder ob die Eltern uns kontrollieren wollen. Sie können uns in unserem Streben nach Selbständigkeit wohlwollend unterstützen oder uns in ihre Vorstellungen drängen, die sie von uns haben. Im kindlichen Trotzalter beginnt eine deutliche Auseinandersetzung zwischen den Interessen der Eltern und den kindlichen Strebungen. Hier zeigt sich ein die Zukunft bestimmender Kampf, von Seiten des Kindes aus entwicklungsbedingt initiiert, das sich immer mehr als eigenständiges Wesen begreift und die Eltern fordert, sich nach seinen Bedürfnissen und Wünschen zu richten. Hier bedarf es einer Souveränität der Eltern, der Auseinandersetzung zu begegnen. Ein Geben von Freiheiten und Selbstbestimmung und ein liebevolles, aber auch konsequentes Begrenzen ist hilfreich dabei. Kinder benötigen Respekt, aber auch die eigenen Elternvorstellungen und -bedürfnisse dürfen nicht aus den Augen verloren werden. Natürlich ist das Thema der Macht schon ab der Geburt da. Stille ich als Mutter mein Kind, wenn es hungrig ist und durch Schreien darauf aufmerksam macht, oder presse ich es in meine vorgegebene Struktur oder Vorstellung, wann ein Kind etwas zu essen bekommen soll. Lasse ich es schreien, weil es mich in meiner Beschäftigung stört oder gehe ich auf sein Rufen ein. Es hängt sehr von der Reife der Mutter und des Vaters ab, ob sie im Kind eine Bedrohung für sich erleben oder innerlich über ausreichend Raum verfügen, entspannt mit dem Kind einen Weg der gemeinsamen Bedürfniserfüllung zu gehen. Dies gilt natürlich auch für alle anderen Personen, die an der Erziehung beteiligt sind. Eine sehr rigide Erziehung, die dem Kind kaum die Möglichkeit gewährt, seinem Inneren zu folgen, kann zu einem heftigen Machtkampf führen und dem Kind ein Gefühl der Wertlosigkeit vermitteln. Demütigungen, Kränkungen, Gleichgültigkeit, Vernachlässigung und Gewalt gegenüber dem Kind verstärken das Gefühl des Nichtrichtigseins und können später nach durchlaufener Pubertät dazu führen, in Cliquen und Peergroups sich weiterhin fremdbestimmen zu lassen bzw. sich zu dissozialem Verhalten anstiften zu lassen, um Anerkennung zu erlangen. Aus dem Kind, das sich als Opfer erfahren hat, kann sich ein jugendlicher Gewalttäter entwickeln, der endlich mal selbst Macht erfahren und ausleben will. Mobbing ist in unserer Gesellschaft ein ständiges Thema in Schulen, Betrieben, Verwaltungen und Gremien. Als Psychotherapeut und Supervisor kann ich die damit verbundenen Leiderfahrungen miterleben und sehe, wie früh schon Kinder dieser Art von Gewalt ausgesetzt sind und ihre Würde als Mensch verlieren. Sie sind häufig völlig hilflos gegenüber der Macht anderer, die Spaß daran haben, jemanden leiden zu sehen. Immer wieder fühlen sich die Betroffenen nicht genügend geschützt von Mitschülern oder Lehrpersonen. Hier wird über die Ausübung von Macht hinweggesehen und sie damit geduldet. Gleichzeitig ist das erfahrene Leid von Opfern ein Antrieb, selbst Leid zuzufügen und Macht auszuüben.

Ohnmachtserfahrungen gehören mit zu den bestimmenden Faktoren, die eine Radikalisierung begünstigen. Eine Analyse der Sozialisationsbedingungen bei den Terroristen der damaligen RAF in Deutschland ergab, in den Familien der Terroristen wurde der Vater oft als Machtfigur beschrieben, die beherrschend auf die ganze Familie wirkte.

In meiner Praxis erlebe ich, wie Menschen, die unter dem autoritären Verhalten von Eltern gelitten haben, voll von unterdrücktem Hass sind und Angst haben, dass dieser sich einmal explosionsartig entladen könnte. Und diese Menschen gehen mit einem großen Misstrauen in neue Beziehungen, da sie von der Angst bestimmt werden, es könnte wieder jemand über sie bestimmen wollen.

Es kommt nicht selten vor, dass Kinder ihre Eltern dominieren, weil Eltern ihnen eine Stellung in der Familie eingeräumt haben und sie auf einen Thron setzten, von dem sie aus ungehindert regieren können. Auch hier kann sich in den Kindern nicht das Gefühl von gleichberechtigtem Miteinander entwickeln, was für ein soziales Zusammenleben ohne Machtkämpfe notwendig ist.

Machtstreben und Machtbesitzen lassen uns das Mitgefühl zu den Menschen und anderen Lebewesen (Haustiere und Nutztiere wie Kühe, Schweine, Hühner) verlieren, über die wir Macht haben. Machtstrukturen haben immer auch mit Abhängigkeiten in einem bestimmten System zu tun. Es ist das Ausnutzen von Schwächen, Ängsten, sozialen und finanziellen Notlagen.

In hierarchischen Strukturen geben Anordnungen und Befehle die Richtung vor. Angefangen in der Familie mit einem despotischen Vater über den autoritär geführten wirtschaftlichen Betrieb bis hin zu Institutionen wie das Militär, das Gehorsam über alles stellt. In individuellen Beziehungen wird Macht ausgelebt und benutzt, um den anderen für seine Bedürfnisbefriedigung zu nutzen, bis hin zu seelischem und körperlichem Missbrauch.

Die mächtigen Staaten dieser Welt üben ihren Einfluss auf das Weltgeschehen aus und kümmern sich wenig bis gar nicht um die Belange ärmerer Länder. Sie versuchen vielmehr noch durch wirtschaftliche Einflussnahme, über Schutzzölle und subventionierte Produkte Bauern und Völker z. B. in afrikanischen Ländern ihre Existenzgrundlage zu zerstören, weil sie ihr wirtschaftliches Wachstum und ihren Wohlstand als einzigen Maßstab nehmen, dem sich Menschlichkeit, soziale Gerechtigkeit, Frieden und die Natur unterzuordnen haben.

Lässt sich die Macht nicht über Gas und Öl und andere Rohstoffe ausüben, wird Militär eingesetzt, wie es jetzt in der Ukraine wieder der Fall ist, um seine Macht zu vergrößern, und der Kreislauf des Wettrüstens wird erneut in Gang gesetzt.

Es wird von allen Regierungen gesagt, es ist nicht genug Geld da, um das Leid in der Welt zu bekämpfen, wir geben ja schon Millionen für die Entwicklungshilfe und mehr ist nicht möglich. Und dann gibt es politische Spannungen zwischen Ost und West, es geht um die Vorherrschaft und politischen Einfluss, und Russlands Präsident Putin lässt seine Kriegsschiffe provokativ durch die Weltmeere fahren, und Amerika erhöht als Antwort darauf und um seine weltweite militärische Führungsposition aufrechtzuerhalten, wie am 16. November 2014 in den Nachrichten berichtet wurde, seinen Militärhaushalt um Milliarden, damit die ganze Armee und natürlich auch seine Atomwaffen modernisiert werden können. Und dies geschieht unter dem Friedensnobelpreisträger Barack Obama. Von konsequenter Abrüstung, um einen gemeinsamen Weg zur globalen Gerechtigkeit zu beschreiten, ist da keine Rede mehr. Auf der Ebene des Stärkezeigens gibt es im amerikanischen Kongress und im Repräsentantenhaus keinen Dissens, obwohl Obama deutlich die Wahlen im Herbst 2014 in beiden Häusern verloren hat. Es wird eine Machtdemonstration gefordert und es ist kein Präsident gewünscht, der auf friedlichem Weg Frieden in die Welt bringen will, auch wenn die letzten beiden Kriege in Afghanistan und Syrien gezeigt haben, dass Kriege auch bei absolut überlegener Waffentechnik zu keinem Sieg führen, sondern ein Land im Chaos hinterlassen, indem die Bürger die Narben des Krieges davontragen und noch lange an den Folgen leiden werden.

Macht führt nicht zu einer zwischenmenschlichen Ausgewogenheit in Beziehungen, zur Gleichheit. Wir müssen erkennen, dass Macht der Beginn einer Spirale von Ungerechtigkeiten, Neid, Gier, Wut, Hass und letztlich von Gewalt ist.

In Machtbeziehungen kann keine Verbindung wachsen, die

durch Mitgefühl, gegenseitiger Achtung, Fürsorge und Liebe geprägt ist. Wenn wir tief genug spüren, nehmen wir auch wahr, dass letztendlich keine echte tiefe menschliche Befriedigung möglich ist, da die Verbindung ungleich ist, nicht auf Augenhöhe geführt wird. Eine Machtbeziehung zwischen einzelnen Menschen, Institutionen und Völkern ist immer von Ressentiments, Misstrauen, Verachtung, Demütigungen und Kränkungen unterlegt, die mit einem Verlust von Würde einhergehen.

Gerade bei dem Thema Macht ist die verletzte, gedemütigte und ohnmächtige kindliche Seele, die treibende Kraft im kriegsführenden Erwachsenen. Es ist der ungestillte Hunger nach persönlicher Macht über die Identifikation mit dem Täter. Dazu kommt die Verblendung des Menschen, dass er annimmt, er hätte ein unabhängiges Selbst und könnte allein glücklich werden ohne den Rest der Welt. Dies ist aber nicht so. Was wir können, wenn wir unser Leben auf Macht aufbauen, ist unterdrückte Machtgefühle ausleben, wie auch immer, und wir können vielleicht Reichtum ansammeln. Wir haben auch viele sogenannte Freunde, die von unserer Stellung profitieren. Aber was wir nicht können, ist tief in unserem Herzen zur Ruhe kommen und wirklichen Frieden empfinden. Denn in dem Machtstreben drückt sich ein verletztes Kind aus, das nicht genug gewürdigt worden ist und sein Seelenheil in äußeren Dingen sucht oder Befriedigung in der Machtausübung erlebt, weil es bis dahin auf der Seite der Verlierer, der Opfer stand.

Erkenntnis und Einsicht könnten dazu führen, die eigene Machtdynamik zu verstehen und andere, für die eigene Persönlichkeit positivere Qualitäten zu entwickeln. Dies hätte ein inneres Gefühl der Zufriedenheit, des Glücks zur Folge. Beziehungen im sozialen Umfeld wären geprägt durch Toleranz, Respekt, Mitgefühl und letztlich auch durch Liebe.

Es wäre der bewusste Verzicht auf Macht!

Auch im Umgang mit der Natur müsste der Mensch erkennen, dass ein verantwortliches Handeln und ein demütiger Umgang notwendige Voraussetzungen sind, um mit der Natur in Einklang und Harmonie zu leben.

Bis zum 14. März 2011 glaubte auch das japanische Volk an die machtvolle Beherrschung der Atomkraft, bis das stärkste je gemessene Erdbeben und der dadurch ausgelöste Tsunami große Landstriche völlig zerstörten, Zehntausende Menschen in den Tod rissen, die Atomkraftwerke in Fukushima zerstörten und damit hochgiftiges Cäsium und Jod 21 freisetzten. Naturkräfte, wie die Verschiebung der tektonischen Kontinentalplatten und die daraus resultierenden Erdbeben mit den einhergehenden Tsunami, sind weder gut noch schlecht. Sie sind Naturkräfte so wie Sonne, Wind und Regen, die nur ihrer inneren Wesenhaftigkeit folgen und einfach das sind, was sie sind, nämlich Sonne, Wind und Regen. Und wir Menschen müssen mit dem Wandel leben, der alles durchzieht, nichts ausgenommen. Das bedeutet, die Vergänglichkeit in das Leben einbeziehen, da sie das Einzige ist, was wirklich Bestand hat. Somit helfen der Menschheit keine Glaubenssätze, die uns Sicherheit und Unverwundbarkeit suggerieren, sondern das Wahrnehmen der Allgegenwärtigkeit von Vergänglichkeit in seinen Formen von Krankheit, Verlust, Abschied und Tod.

Bei allem menschlichen Streben nach Macht muss der Mensch seine Begrenztheit erkennen. Trotz aller technischen Brillanz und fortschreitender Entwicklung, wie die erste Landung auf einem Kometen 2014, gibt es Kräfte der Erde und des Himmels, die auch zukünftig unbeherrschbar sind und uns Demut lehren sollten.

Wandeln wir den Wunsch nach Macht in einen Wunsch nach Einklang und Frieden und setzen wir all unser menschliches Potential ein, um auch auf diesem Wege voranzuschreiten.

Existenzielle Verzweiflung

Ein Terrorist, ein Mensch, der Gewalt als die einzige Möglichkeit sieht, die Welt zu verändern, führt uns zur existenziellen Verzweiflung des Menschen.

Bei meinen Recherchen bin ich auf besonders schwerwiegende Gräueltaten gestoßen. Eine davon möchte ich kurz beschreiben.

Die Hungerkatastrophe in Somalia veranlasst viele Menschen, überwiegend Frauen, das Land zu verlassen und nach Kenia zu flüchten. Allein das ist für sich schon eine große existenzielle Bedrohung, hungern und sein Land verlassen zu müssen, um zu überleben. Nun geschieht auf der Flucht in das vermeintlich sichere Kenia das Unmenschliche und Unvorstellbare. Bewaffnete Banden überfallen die Flüchtlinge und vergewaltigen die Hunger-Frauen auf ihrer Flucht! Die kenianische Polizei verfügt nicht über genug Polizisten, um den Banden entgegenzutreten. Es gibt für diese Frauen keinen Schutz! Manchmal wird von mitflüchtenden Brüdern verlangt, die eigene Schwester zu vergewaltigten. Wer das nicht tut, wird erschossen. Das Flüchtlingslager in Dadaab war für 90.000 Menschen ausgelegt, nun sind es schon 400.000, davon sind 80 % weiblich, so die Gesellschaft für bedrohte Völker (GfbV, 2013). Ich kann mir das Grinsen der Männer aus den Banden vorstellen, wenn sie die Not der Frauen und deren Brüder sehen, sich daran aufgeilen und sich ihrer Macht bewusst sind. Sie handeln derartig unmenschlich, als wären sie nicht selbst von Frauen geboren und als hätten sie nicht selbst Schwestern, denen das Gleiche geschehen könnte.

Was erlebt ein Mann, der seine Schwestern, seine Familie nicht schützen kann vor marodierenden Banden, die im Auftrag von machtbesessenen Stammesführern oder Politikern ihr Unwesen treiben, Frauen vergewaltigen und Kinder verschleppen, um sie zu Kindersoldaten abzurichten? Welche Möglichkeiten gibt es daraufhin emotional zu reagieren? Schmerz, unsägliche Trauer, Ohnmacht gegenüber den Tätern, verzweifelte Wut und Hass gegen die Widersacher oder gegenüber den reichen, mächtigen Staaten, die dieses Zulassen oder an den Zuständen in diesen Ländern mitwirken, indem sie Clans unterstützen für Diamanten, Rohstoffe und seltene Erden. Menschen aus afrikanischen Ländern flüchten, wie wir zurzeit fast täglich erleben, über das Meer nach Italien, um dort Asyl zu bekommen. Sie geben ihr letztes Hab und Gut dafür aus, um einen Platz auf einem überfüllten Kahn zu erhalten, um dann unter der Gefährdung ihres Lebens den ihnen einzig verbleibenden Weg über das Meer zu nehmen. Für Tausende hat es bisher den Tod bedeutet. Ein Flüchtlingsproblem vor der europäischen Haustür, das kein Politiker bereit ist zu lösen. Auch hier trennt der Mensch zwischen sich und dem anderen und sieht nicht, dass die Hilfe, die er dem anderen zukommen lässt, auch eine Fürsorge sich selbst gegenüber ist.

Zurzeit sind 50 Millionen Menschen weltweit auf der Flucht. Sie verlassen ihr Heimatland, in dem sie keine weitere Lebensgrundlage zur Verfügung haben. Grund dafür sind einerseits veränderte Lebensbedingungen, d.h., die Trockenheit hat in Somalia ein Ausmaß erreicht, dass die Erde nicht mehr bewirtschaftet werden kann, um eine Familie zu ernähren. Es regnet immer seltener und bei diesem Wassermangel können kein Mensch und kein Tier auf Dauer überleben. Hier stellt sich die Frage, inwieweit die Entwicklung der veränderten klimatischen Bedingungen in Somalia nicht mit den globalen Klimaveränderungen einhergeht, für die die Menschen besonders in den Industrieländern verantwortlich sind.

Viele Flüchtlingsströme sind aber die Folge von Gewalt und Kriegen. Durch den anhaltenden Krieg in Syrien z. B. fliehen Tausende von Menschen in die benachbarten Länder der Türkei und des Libanon. Die tägliche Bedrohung und ein Leben in Angst bringen Menschen dazu, mit wenigen Habseligkeiten ihre Heimat zu verlassen. Die Menschen verlieren ihre Existenz, viele ihr Leben, weil der Machthaber Assad keine durchgreifenden Reformen zulässt, welche die eigene Bevölkerung in Freiheit und Frieden leben lassen würde. Erschreckend deutlich wird hier, wie es auch diesem despotischen Herrscher nicht darum geht, den Menschen seines Landes eine sichere Existenz zu ermöglichen und ihnen zu einem würdigen Leben in Freiheit und Frieden zu verhelfen. Er lebt in der Angst, seine Position, seinen Einfluss und seine Macht zu verlieren. In der eigenen Angst und Verblendung sieht er nicht mehr das Leid seiner Brüder und Schwestern. Vielmehr führt er durch Krieg und Zerstörung das Land seines Volkes in ein Chaos. Assad terrorisiert mit seiner Armee die syrische Bevölkerung, aber er gerät mit seinen Gräueltaten in den Hintergrund, da der IS in der Bekämpfung Priorität hat und überlegt wird, ob Assad mit seiner Armee nicht die westlichen Interessen vertreten kann. Todbringende Seilschaften für eine bestimmte Zeit.

Was wäre, wie wäre ich, Sie, wenn ich, wir, in Syrien oder Afghanistan sozialisiert worden wären? Würde ich mich, würden wir uns radikalisieren lassen? Es ist mehr als eine hypothetische Frage. Sie macht Sinn, weil wir aus unserem Gedankenmuster, aus unserem Bild von uns, von den bösen Terroristen herausmüssen, um zu verstehen, warum ein Mensch wie wir unter bestimmten Lebensumständen so handelt, wie er handelt. Es hilft uns und der Welt nicht weiter, wenn wir einfach nur verurteilen und unseren Hass gepflegt im Wohnzimmersessel gegen die Person im Fernseher rausbrüllen. Wir müssen uns einfühlen, mitfühlen, achtsam sein und verstehen, um Lösungsansätze zu kreieren.

Kein Mensch wird zu einem mitfühlenden Christen geboren und nicht zu einem todbringenden Terroristen. Die wesentliche Prägung findet in der Kultur statt, in der er aufwächst. Und zuallererst sind es die ihn umgebenden Menschen, die seine seelischen/körperlichen Bedürfnisse auf ihre spezielle Art und Weise beantworten. Mit der speziellen Art und Weise meine ich, dass Eltern oder andere am Erziehungsprozess beteiligte Personen nur mit ihrem gewordenen So-Sein auf das Kind eingehen können. Dieses gewordene So-Sein ist ihr eigener biografischer Prozess, den sie bis zur Geburt des Kindes durchlaufen sind. Der biografische Prozess wird maßgeblich bestimmt durch die ökonomischen, gesellschaftlichen, politischen und religiösen Bedingungen, unter denen ein Volk lebt. Wächst ein Kind in der Sahelzone auf, dann ist sein Leben vorrangig geprägt durch die Erfahrung von Entsagung, Hungersnöten und Armut. Es ist ein karges Leben am Rande des Existenzminimums, mit dem

Versuch, der Erde ein wenig Ertrag für Mensch und Tier abzutrotzen. Ein Kind, das in eine Familie eines chinesischen Wanderarbeiters geboren wird, hat wenig von seinem Vater, da dieser den Arbeitsmöglichkeiten hinterherzieht, um seine Familie daheim durchzubringen. Abhängigkeit, Ausbeutung und Rechtlosigkeit werden zu einer Grunderfahrung des Seins. Das Leben in einem autoritär geführten Land wie Nordkorea wird den Menschen die Erfahrung vermitteln, dass sie selbst nichts wert sind, sondern nur das Staatsoberhaupt Kim Jong Un Bedeutung hat und ihm dauerhafte Verehrung zuteilwerden muss, auch wenn er vom Schweizer Schulbuben zum Diktator einer Atommacht wurde und die internationale Gemeinschaft mit Kriegsdrohungen und Raketentests provoziert.

Wächst ein Kind in einem Land wie dem Iran auf, erlebt es, dass die religiösen Führer das Land und die Menschen bestimmen und die Scharia gilt, die den Menschen keine persönliche freie Entwicklung ermöglicht. Wachse ich in einem afrikanischen Land auf wie im Kongo oder in Nigeria, werde ich keine Sicherheit und keinen Frieden erleben können, da marodierende Banden das Leben von heute auf morgen zerstören können.

Die soziale Stellung eines Menschen ist mitbestimmend für seine Identität. Wenn hier in Deutschland diskutiert wird, ob eine Frauenquote in Industrieunternehmen gesetzlich festgelegt werden soll, dann sind wir an einem Gleichheitsverständnis zwischen Frauen und Männern angekommen, das eine große Kluft zu den Frauen birgt, die in fernen Ländern leben. Deutlich wird dies zurzeit in Indien. Frauen leben dort schon immer mit der Angst, vergewaltigt zu werden, da bisher die Täter nicht konsequent verfolgt und bestraft wurden. 2013 sind diese unhaltbaren Zustände auch in unserem Bewusstsein angekommen, da bei einer äußerst schändlichen gewaltvollen Vergewaltigung eine junge Frau zu Tode kam.

Unter den Taliban in Afghanistan sind Mädchen von der Schulbildung ausgeschlossen. Tausende afrikanischer Mädchen werden noch durch rituelle Beschneidung genitalverstümmelt, trotz weltweiter Proteste. In Saudi-Arabien ist es Frauen noch verboten Auto zu fahren. Es gibt existenzielle Bedrohungen von Menschen und völlig abstruse Einschränkungen wie die letztgenannte und sie betreffen vor allen Dingen Frauen, die in einer von Männern dominierten Gesellschaft leben.

Ein letztes Beispiel von Unterdrückung. Auf meinem Küchentisch liegt ein dickes Buch mit tiefsinnigen Texten und ergreifenden Bildern über die Menschen in Tibet. Neben den beeindruckenden Naturaufnahmen zeigt es Menschen, die ohne die materiellen Errungenschaften der industriellen Welt ein einfaches, aber glückliches Dasein leben. Und diese Menschen in warmer, abgenutzter Kleidung strahlen eine Herzenswärme aus. Sie leben in enger Verbindung mit ihren Tieren und der Natur in ihren Jurten, mit Fellen oder gewebten Teppichen auf der nackten Erde. Sie verfügen über einige notwendige Haushaltsgegenstände für das Essen und leiden keine Not an Wasser und Nahrung, auch wenn die Erwirtschaftung sicherlich mühevoll ist. Schrecklich ist, dass sie unter der chinesischen Hegemonie in Tibet seit 1951 leiden, welche die tibetische Kultur und Religion zerstörend unter Druck setzt und Proteste mit Gewalt niedermacht. Bei all dieser jahrzehntelangen Unterdrückung durch die chinesischen Machthaber lebt der Dalai Lama seit 60 Jahren eine geduldige, friedvolle Weise der Politik vor, indem er keine Gewalt provoziert und keinen Guerillakampf unterstützt, wohl aber in aller Welt versucht, den Menschen das unvorstellbare Leid des tibetischen Volkes vor Augen zu führen. Aber auch hier wird die Solidarität der Regierungschefs der westlichen Staaten mit den Tibetern gemessen, an den daraus entstehenden nachteiligen wirtschaftlichen Folgen mit den chinesischen Machthabern.

Wir müssen uns hinsetzen und still werden und in der Stille uns einfühlen in die Lebenswelten von Menschen, die täglich in existenzieller Verzweiflung ihr Leben fristen müssen und einer ständigen Bedrohung ausgesetzt sind. Wir müssen wahrnehmen, dass jede einzelne schwerwiegende Ungerechtigkeit und jede erlebte Gewalt große Auswirkungen auf die menschliche Seele hat. Neben einem apathischen Versinken in Hoffnungslosigkeit erzeugt es bei anderen Menschen Gefühlskälte, Hass und Rachsucht und sie machen sich die Gewalt zu eigen und entwickeln sich zu Terroristen.

Allein über das Thema soziale Benachteiligungen ließe sich ein ganzes Buch schreiben und es ist schwer, die Einflüsse für den Werdeprozess eines Menschen zu beschreiben, ohne sich in der Komplexität des Ganzen zu verlieren. Aber ich möchte noch einmal kurz auf die individualpsychologische Entwicklung eingehen.

Das kindliche Erleben und das damit verbundene Selbstbild der Kinder wird von dem konkreten Umgang der Erziehungsbeauftragten (Eltern, Erzieher, Lehrer, Ausbilder) bestimmt. Sind Eltern mir mit meinem Geschlecht wohlwollend gestimmt, respektieren sie mein Anderssein, geben sie mir ein Recht auf meine persönlichen Bedürfnisse, lieben sie mich, um meiner selbst willen, sind sie verständnisvoll gegenüber meinen Gefühlen und mitfühlend mit meinen Ängsten, geben sie mir emotionale Sicherheit und gestalten sie mit mir liebevolle Bindungserfahrungen, leben sie friedliche Konfliktlösungsmuster vor, zeigen sie mir ein positives Männer- und Frauenbild, leben sie eine befreiende Spiritualität und geben sie mir Raum für meine persönliche Entwicklung, dann ist vieles gut getan.

Inwieweit Eltern dies alles tun können, hängt von ihrem eigenen Grad der persönlichen Entwicklung ab und ihrem Bemühen, sich selbst zu hinterfragen und ihre eigene Lebensgeschichte zu reflektieren. Dieses Tun findet dort natürlich eher statt, wo freiheitliche gesellschaftliche Bedingungen herrschen und ein solches Verhalten zumindest nicht eingeschränkt und behindert wird. Schwierig ist es für Menschen besonders in totalitären Systemen, wo sie von der Bildung ausgeschlossen und in Abhängigkeit gehalten werden.

Auf dem Wege, Extremismus und Gewalt zu verstehen, machen wir uns Folgendes klar. Menschen, die schon seit Kindheitstagen Gewalt um sich herum erleben, haben gelernt, dass Gewalt das einzige Lösungsmuster ist, das Erwachsene anwenden. Erwachsene, die Eltern wissen in den Augen der Kinder nun mal, was richtig und falsch ist. So saugen die Kinder schon im Kleinkindalter Gefühle auf, die mit Angst, Schmerz und Hass einhergehen. Ihnen fehlt die vorgelebte Alternative, eine andere Lösungsmöglichkeit, die erfolgreich praktiziert werden kann, um friedlich Konflikte zu lösen. Und besonders bedeutsam ist dabei, dass Menschen traumatisiert werden, die Gewalt erleben oder mitansehen mussten, wie anderen Menschen Gewalt angetan wurde. Diese Traumatisierung führt dazu, das Erlebte zu verdrängen, abzuspalten und gleichzeitig auch die damit in Verbindung stehenden Gefühle. Wir Menschen vertragen nur ein bestimmtes Maß an Gewalt, dann beginnen wir automatisch und unbewusst uns zu schützen vor einem Zuviel an Seelenschmerz. Wir isolieren uns gegenüber unseren eigenen Gefühlen und haben immer weniger Zugang dazu. Parallel verläuft dazu der Prozess, sich gegenüber anderen Menschen gefühllos zu verhalten. Wir empfinden nicht mehr tief genug mit, um die Demütigungen, den Schmerz, die Not eines anderen wahrzunehmen, weil unser eigener eingeschlossener Schmerz dadurch wieder berührt würde. Der Verlust an Empathie verschiebt die Grenze der Gewalt und der Mensch kann selbst Gewalt leben, ohne sich noch vom Leid der vergewaltigten Frau, des schreienden Kindes und des verzweifelten Vaters berühren zu lassen.

Der Verlust von der so bedeutsamen menschlichen Fähigkeit, sich innerlich, im Herzen berühren zu lassen, ist auf unserer Erde die folgenschwerste Rückentwicklung des Homo sapiens für das menschliche Miteinander! Berührtsein ist die Voraussetzung für die gefühlsmäßige Hinwendung zu unseren Mitmenschen, ist die Öffnung zum Du und ermöglicht uns, unser Verhalten im Hinblick auf den anderen zu hinterfragen und neu zu ordnen. Auch die Neandertaler werden ihre Konflikte teilweise mit Gewalt ausgetragen haben, aber noch nie ist es in der Menschheitsgeschichte vorgekommen, dass Menschen in Ausbildungslagern der Armee und der Terroristen systematisch um den Verlust der letzten Fähigkeit gebracht werden, Empathie zu empfinden und sich innerlich berühren zu lassen. Durch hartes unmenschliches Training werden sie ähnlich wie Roboter zu menschlichen Kampfmaschinen, die selbst die schutzlosesten Kinder töten können, ohne mit der Wimper zu zucken.

Was unterscheidet eine soldatische menschliche Kampfmaschine von einer terroristischen menschlichen Kampfmaschine?

Nichts!

Beide haben einen Prozess der Entmenschlichung durchgemacht, beide können auf inneres oder äußeres Kommando töten.

Da erhebt sich lautstarker Widerspruch, wie ich denn nur könnte, den einen mit dem anderen in einen Topf werfen, da doch der eine zum Schutz der Menschheit tötet, damit Frieden auf der Erde möglich wird, und der andere zur Destabilisierung der Menschheit tötet und damit zur Verbreitung von Angst und Schrecken beiträgt.

Ich möchte jeden Leser aufrufen sich hinzusetzen …, still zu werden …, sich einzufühlen … und mitzufühlen …

Im Geiste still zu werden bedeutet, nicht die eigene Gedankenkonstruktion, die eigenen Vorurteile zu pflegen, sondern sich leer zu machen und zu öffnen für das Einfühlen und Mitfühlen anderer Menschen, derjenigen, die Leid erleben, und derjenigen, die bereit sind zu töten, in welchem Kontext auch immer. Und während dieses Mitfühlens öffnen wir uns auch den dann auftauchenden eigenen Gefühlen, Empfindungen und Gedanken.

Aus dieser inneren Erfahrung kann dann ein Verstehen erwachsen und sich daraus ein entschiedenes Handeln ergeben, das darauf angelegt ist, Ungerechtigkeiten zu beseitigen und das Leid und die Not der Menschen auf dieser Welt zu lindern.

Hinsetzen …, still werden …, einfühlen …, mitfühlen …, verstehen … und handeln!

Und ihr Terroristen, euch möchte ich sagen, geht mit den abgeschlagenen Köpfen und Gliedmaßen der Getöteten zu euren Müttern und erzählt ihnen von euren Taten, wie ihr unschuldige – oder auch aus eurer Sicht schuldige Menschen getötet habt. Sagt ihnen, dass ihr die Welt verändern wollt, durch Gewalt und Tod. Was werden eure Mütter sagen, die euch unter Schmerzen geboren haben, verbunden mit dem Wunsch, die Welt möge gerechter und friedlicher werden?

Werden sie einen Lobgesang auf euch anstimmen oder werden sie weinend eure Taten beklagen? Ich hoffe, eure Mütter werden, weil sie sich dem Leben und der Liebe näher und sich beidem verpflichtet fühlen, versuchen, euch auf den Weg der Gewaltlosigkeit zurückführen. Mögen sie euch zu der Erkenntnis verhelfen, dass revolutionäre Energie eine segensreiche Kraft ist, die die Welt verändern kann, aber nur wenn sie nicht mit Hass getränkt ist und der Gewalt entsagt, die sie bekämpfen will. Eure Mütter haben euch unter ihrem Herzen getragen, möget ihr das Gefühl wiederfinden, wie schutzbedürftig ein menschliches Lebewesen ist, und dass alle Menschen, unabhängig von der Mutter, die sie unter dem Herzen getragen hat, ein natürliches Recht auf Leben und Gesundheit haben. Mögen eure Mütter euch zu der Erkenntnis verhelfen, dass die Freiheit des Menschen nur durch gegenseitige Toleranz, Respekt und Mitgefühl erreichbar ist.

Hinsetzen …, still werden …, einfühlen …, mitfühlen …, verstehen … und handeln!

Religionsverständnis

Ein Terrorist, ein Mensch, der Gewalt als die einzige Möglichkeit sieht, die Welt zu verändern, weist uns auf das missverständliche Auslegen von Religionsschriften hin.

Alle großen Weltreligionen haben ihr grundlegendes Verständnis, ihre religiösen Überlieferungen niedergeschrieben. Der Koran, die Bibel, der Talmud, die Upanischaden, die Sutren und andere religiöse Werke dokumentieren dies. Auch wenn sie in ihrer Sprache möglichst genau beschreiben wollten, was die Religionsgründer und ihre Jünger uns überliefern wollten, sind diese Worte begrenzt. Etwas liegt hinter den Worten, ist in den Worten verborgen. Schriftzeichen können nur auf das Transzendente verweisen und das gilt es mit dem Herzen zu verstehen. Wenn wir versuchen, jemandem ein Musikstück zu beschreiben, das er noch nicht kennengelernt hat, sei es die Neunte von Beethoven aus dem klassischen Bereich oder aus dem Jazz das Stück Take Five von Herbie Hancock, dann bemühen wir uns Worte zu finden, die den musikalischen Gehalt, die Rhythmik, die Tonart, die Dynamik, das Zusammenspiel aller Instrumente ausdrücken, aber letztlich bleiben es Worte, hinter denen sich eine Musik verbirgt, die man mit den Ohren und dem Herzen aufnehmen muss, um sie zu verstehen. Eine mystische Erfahrung, eine tiefe Kontemplation oder ein Zustand des Samadhi muss man selbst erlebt haben, damit im eigenen Herzen die Blume der Erkenntnis aufgeht.

Die Spiritualität und »Liebende Güte« können in jeder der großen Weltreligionen, dem Judentum, Christentum, Hinduismus, Islam, Buddhismus, gelehrt werden. Die Lehre muss aber über das gewöhnliche Kopfwissen, über das intellektuelle Verstehen hinausgehen. Der Koran, die Bibel, der Talmud, die Upanischaden und andere religiöse Werke beschreiben etwas, das hinter den Worten liegt, in den Worten verborgen ist.

»Nicht der Finger, der auf den Mond zeigt, ist der Mond selbst!«

Diese buddhistische Weisheit meint, dass der Text in einem fundamentalen religiösen Werk nicht gleichzusetzen ist mit der darin liegenden Weisheit. Und die in den Worten liegende Weisheit kann nicht mit dem Kopf begriffen werden, dafür ist unser Kopf zu klein und zu voll mit seiner Ansammlung von kultur- und religionsabhängigen Vorstellungen.

Wenn das Göttliche nicht zu benennen und nicht in Bildern auszudrücken ist, dann kann unser Intellekt, mag er auch noch so geschult sein, das göttliche Verborgene nicht erfassen. Aus diesem Grunde sind die Wahrheitssuchenden der unterschiedlichen Religionen auch über das Studium der Texte hinausgegangen und haben sich auf den Weg der Meditation begeben.

In der Einbeziehung der mystischen Wege der großen Weltreligionen, wie des Sufismus (arabisch فوصت) im Islam, des Yoga (Sanskrit योग) im Hinduismus, des Zen (japanisch 禅) oder Vipassana (hindi अंतर्दृष्टि »Einsicht«) im Buddhismus, der Kabbala (hebräisch הלבק) im Judentum und der Kontemplation im Christentum erweitert sich die religiöse Einsicht.

Unsere Gesellschaften kranken an der Vereinzelung, dem Weg, über eine individuelle auf sich selbst bezogene Befriedigung glücklich und zufrieden zu werden. Und darin liegt auch eine Wurzel für Verletzung, Widerstand und Gewalt. Globales kulturfeindliches Überstülpen westlicher Lebensweisen in traditionelle Lebensformen verletzt, macht hilflos und unterstützt fundamentalistische Kräfte in traditionellen Kulturen. Es ist uns der Wert des gemeinschaftlichen Erfahrens von Nähe, Geborgenheit und Unterstützung verloren gegangen. Und durch die fortschreitende Abwendung von tragenden religiösen Erfahrungen in einem kirchlichen Rahmen (nicht aufhörende Kirchenaustritte) fehlt es uns an spiritueller Bezogenheit und Erfahrungen.

Dass ein großes Bedürfnis gerade bei jungen Menschen nach Gemeinschaftserfahrungen in einem religiösen Kontext da ist, zeigen die Kirchentage beider Konfessionen und die vielen Jugendlichen, die die ökumenische Gemeinschaft in Taizé besuchen, die ihr 50-jähriges Bestehen feiert.

Es geht nicht nur um den religiösen Glauben an Gott und ein sich wiederholendes Bekennen zu ihm, sondern es ist in jeder Religion ein Erfahrungsraum notwendig, in dem eine tiefe Begegnung mit der eigenen Menschlichkeit und damit auch eine Begegnung mit der eigenen Göttlichkeit initiiert werden kann. Dieser Erfahrungsbereich geht weit über den Glauben an Gott hinaus, denn er führt uns zum alles miteinander gemeinsamen Ursprung des Seins. Wir können diesen Anfang Gott nennen, Shunyata, Leerheit oder Urwirklichkeit.

Und in dieser tiefen spirituellen Erfahrung des Einswerdens mit allem, was ist, bildet sich ein Aufeinander-bezogen-Sein, das Mitgefühl, ein Verantwortungsbewusstsein für die Mitmenschen und die Schöpfung dieser Erde aus. Damit benötigen wir keine moralischen Vorschriften mehr, denn unser Handeln richtet sich durch dieses Erkennen von selbst nach dem Göttlichen aus und die Ausbeutung und Zerstörung anderer Menschen und der Natur käme uns nicht mehr in den Sinn! Die Welt, so wie wir sie schaffen, entsteht in Abhängigkeit vom Tun eines jeden Einzelnen, von seiner Friedfertigkeit oder Gewaltbereitschaft.

Betrachten wir die Gebetsriten der Moslems, der Buddhisten, der Christen, dann sind sie durchzogen von körperlichen Ausdrucksformen, die auf eine demütige Haltung hinweisen.

Dazu gehören Kniebeugen, Verbeugungen, Niederwerfungen, Handhebungen, Kreuzzeichen, Küsse der Erde. Symbolisch drückt sich darin aus, dass das Ego sich verbeugt vor dem Großen, dem Göttlichen, Gott, Allah, dem Buddha-Geist. Und das bedeutet, dass wir uns freimachen müssen von irrigen Vorstellungen, die auf ein begrenztes intellektuelles Verstehen von Dogmen beruhen.

Vielmehr müssen wir in unserem Nachbarn, in den Fremden, in den Menschen, die uns im Alltag begegnen, Gott, das Göttliche sehen und uns vor ihm verbeugen! Wie sollten wir uns Gewalt antun, wenn wir in der Begegnung denken und fühlen würden:

»Meine Göttlichkeit in mir grüßt deine Göttlichkeit in dir!«

Der Mensch ist von Gott geschaffen und in ihm zeigt sich Gott und in jedem Menschen, der uns begegnet, gleich welcher Hautfarbe und Religion, begegnet uns Gott! Es gibt niemanden und nichts, das aus der Schöpfung Gottes herausgefallen ist, mag es auch noch so fern von unserer Glaubensrichtung sein.

Die Anbetung Gottes oder Allahs ist immer eine Anbetung des Menschen, weil sich im Menschen Gott inkarniert hat!

Wir sind Kinder Gottes und so kann auch Gottes Anbetung nur bedeuten, dass wir den Menschen achten in seiner Göttlichkeit und nicht missbrauchen und töten für unsere egoistischen, engstirnigen Interessen.

Falten wir wie die Christen die Hände oder heben wir die Hände zum Himmel wie die Moslems, machen Gassho mit zusammengelegten Händen wie die Buddhisten, dann ist dies das Zeichen für die Verbindung des Menschen mit dem Göttlichen, das Einswerden mit allem, was ist, und in diese Hände gehören keine Waffen! Diese Hände, die sich zum Gebet erheben, bitten um die Gnade Gottes, seine Einsicht, seine Geduld, sein Mitgefühl, seine Herzensgröße, seine Liebe und diese Hände dürfen keine Waffen erheben gegen einen anderen Menschen! Vielmehr müssen sie die Gebärde, die uns mit Gott verbindet, ernst nehmen und ein Zeichen dafür sein, dass wir wie Allah, Gott, Gnade, Einsicht, Geduld, Mitgefühl, Herzensgröße und Liebe gegenüber allem auf dieser Erde praktizieren!

Unsere zum Gebet, zu Gott gerichteten Hände sind Ausdruck für unser Bemühen, den Weg des Friedens gemeinsam zu gehen und uns der Gewalt und der Kriege zu enthalten!

Der Frieden beginnt in unseren Köpfen, nicht im Handeln. Im Kopf beginnen wir Gedanken des Hasses oder der Liebe zu pflegen und im Kopf können wir Attentate oder »Liebende Güte« vorbereiten.

Wir können immer wieder erleben, wie im Laufe der Jahrhunderte ein Wandel sich in der Auslegung der religiösen Texte vollzieht. Und dies hängt sehr von den jeweiligen Personen ab, die in die Nachfolge der Religionsgründer getreten sind. Und diese »Vertreter Gottes« sind geprägt durch die vorhandenen historischen Lebensbedingungen, in die sie hineingeboren worden sind, und durch ihre Fähigkeit, sich von der reinen wörtlichen Auslegung der Überlieferungen zu lösen, um ihren wahren Gehalt mit dem Herzen zu fühlen. Und das gelingt nicht durch ein reines Kopfstudium, vielmehr bedarf es wie gesagt der meditativen Versenkung.

Unsere Religionsgründer zogen sich immer wieder aus der lauten Welt zurück, die früher wie heute geprägt war durch Macht, Ausgrenzung, Habgier, Gewalt und Niedertracht. Sie gingen in die Stille der Berge, in die Weite der Wüste, um ihr Herz zu erforschen und frei zu werden von egoistischen Strebungen. Das wahre Sein offenbarte sich ihnen und es eröffneten sich ihnen Wege, die Menschheit aus den Fängen der Verblendung, der Angst, der Gier, des Hasses und der Gewalt zu führen. Ihr tiefes Schauen führte sie zum Verstehen und Verstehen führt immer zu Liebe und Annahme.

Wir Menschen hier und heute können auch Einsicht in das Ursprüngliche, Dahinterliegende, in die Tiefe des Seins erlangen. Und das Wunderbare ist, Einsicht bedeutet, wie das Wort schon sagt, nur eine Sicht ist möglich, die Ein-Sicht. Es gibt von der allumfassenden Ursprünglichkeit des Seins keine Mehr-Sichten, auch dann nicht, wenn ich aus einer religiösen Glaubensrichtung komme, die für sich reklamiert, die einzig wahre Religion zu sein! Es gibt unterschiedliche Wege und Traditionen, die weiterhin ihre Berechtigung haben, aber der Gipfel des Berges kann nur der eine Gipfel sein, egal aus welcher

Himmelsrichtung ich gekommen bin oder mit welchem Mittel ich den Gipfel erklommen habe.

Und das Erfassen der alles zugrundeliegenden Wahrheit muss unser Erstreben sein, denn dabei offenbart sich die Göttlichkeit, durchdringt uns und zeigt sich in unserem täglichen Tun. Nicht das Verherrlichen der religiösen Texte ist bedeutsam, sondern unsere Art und Weise, wie jeder Einzelne von uns die göttliche Botschaft aufnimmt und sie im Umgang mit seinen Mitmenschen und der Natur lebt.

Hier und jetzt, in unserem alltäglichen Tun, in der heutigen Realität des 21. Jahrhunderts zeigt es sich, ob wir das Innenliegende der religiösen Botschaften wirklich verstanden haben und es zum Wohle der göttlichen Schöpfung einsetzen. Ein tiefes religiöses Leben ist frei von Machtinteressen, Intrigen, Ausbeutung, Gewalt und Krieg. Es ist geprägt von Mitgefühl, Gnade, Demut, Vergebung, Liebe und der Erkenntnis des Miteinander-eins-Seins.

Gott kommt es nicht darauf an verehrt zu werden, sonst würde er gesagt haben, macht euch ein Bild von mir, stellt es auf euren Altar und verehrt mich. Aber genau das Gegenteil ist der Fall, er will, dass wir uns kein Bild von ihm machen, sonst verfehlen wir ihn.

Gott will vielmehr, dass wir ihn in uns und in der kreatürlichen Schöpfung erkennen. In diesem Erkennen liegt die Erfahrung, dass wir, jeder Einzelne von uns, eine Manifestation Gottes sind. Es existiert auf dieser Welt nichts, was nicht aus Gott geboren ist! Und eigentlich wissen wir dies, weil wir es fühlen können, wenn wir in der Natur sitzen, still werden, lauschen und tief schauen in das, was uns umgibt. Wie können wir dann brandschatzend ausziehen und alles niedermachen, was uns begegnet?

Miteinander eins sein bedeutet wie gesagt füreinander Verantwortung übernehmen. Ein Beispiel mag das verdeutlichen. Trage ich ein Kleidungsstück, das in Asien produziert wird, und erfahre ich von dem Leid der Arbeiterinnen, die dort für einen Hungerlohn bis zu 14 Stunden am Tag arbeiten müssen und, wie 2013 in Bangladesch passiert, das Fabrikgebäude zusammenstürzt und tausend Frauen darin sterben, dann darf mich das nicht gleichgültig lassen, weil es so weit weg ist. Ich sollte meine Geiz-ist-geil-Haltung aufgeben und bereit sein, ein Euro pro T-Shirt mehr zu bezahlen, damit die Sicherheitsstandards in den Fabriken ausgebaut werden können und die Frauen durch eine Verringerung ihrer Arbeitszeit Zeit bekommen, mit ihren Familien zusammen zu sein. Es muss geächtet und verboten werden, dass sich Unternehmer an dem menschlichen Leid anderer Menschen bereichern.

Diese frühkapitalistischen Arbeitsbedingungen, Kinderarbeit ist darin einbezogen, haben wir in Deutschland hinter uns gelassen, das gibt uns aber nicht das Recht, Menschen in Entwicklungsländern in ebenso unmenschlicher Weise auszubeuten.

Mit einer humanitären Initiative forderte Entwicklungsminister Gerd Müller im Sommer 2014 die Textilbranche auf, Verbesserungen der Produktionsbedingungen herbeizuführen. »Bei jedem Produkt, was ich kaufe, steht am Anfang der Kette ein Mensch.« (ZEIT ONLINE, 11. 06. 2014) Sein Einsatz für eine nachhaltige Produktion, um derartige Arbeitsbedingungen zu verändern, ist in dem Maße gescheitert, als kein Unternehmen aus der Textilbranche dieser Initiative beigetreten ist. Das lässt uns lernen, Appelle durchdringen nicht das festverankerte kapitalistische Unternehmerbewusstsein. Deshalb gehört es zu den wichtigsten Aufgaben der Gesetzgebung und der Politik, über die Gesetzgebung die Unternehmer in die Pflicht zu nehmen.

Nutzen wir die religiösen Werke als Hilfsmittel, um durch tiefes Schauen ein umfassendes Verstehen und ein göttliches Mitgefühl zu entwickeln. Göttliches Mitgefühl und göttliche Liebe verurteilen den Menschen nicht aufgrund seiner Standpunkte und der damit verknüpften Taten, sondern führen ihn zum Ursprung seines Wesens zurück. Die Liebe ist das Sein an sich, sie ist weder geboren noch kann sie vergehen, sie ist die Grundstruktur unserer Menschwerdung. Und deswegen leben wir in der allumfassenden göttlichen Liebe, auch wenn wir uns verirrt haben und unser kosmisches Bewusstsein geblendet ist von unserem Ego, unserem Ich. Beides ist begrenzt durch sein Schaffen von Dualität. Ich bin Moslem und du bist Christ. Meine Vorstellungen sind richtig und deine sind falsch. Und aus dieser vom Ich erzeugten Abgrenzung schlagen wir uns die Köpfe ein und halten immer weiter das Rad der Gewalt und Kriege in Bewegung.

Wir bleiben damit auf der Oberfläche und schauen nicht auf unsere gemeinsame Göttlichkeit, auf unser aller Wesensnatur, die Liebe. Es gibt keinen Weg zur Liebe, wir sind schon immer Liebe. Nur ist diese Liebe überlagert von unserem Nichterkennen und dem egoistischen Streben, das sich aus Angst,

Neid, Gier und Hass motiviert und dies ist der Grund für Ausbeutung, Menschenverachtung, Gewalt, Terror und Krieg. Durchdringen wir unsere intellektuellen Verirrungen und lassen uns leiten von den großen Mystikern dieser Welt, dann revolutionieren wir unser Bewusstsein und unser Miteinander. Wir können uns nicht gegenseitig Rücksichtnahme, Mitgefühl und Liebe verordnen und sie entsteht auch nicht durch die Gebote unserer Religionen. Vielmehr erwächst sie aus der Erfahrung der Einheit.

Und im Übrigen, Religion muss ansteckend sein, d.h., die Jünger, die Jesus gefolgt sind, oder die Menschen, die Mohammed nachfolgten, waren voller Freude, Hoffnungen, Verkündungswillen. Sie brauchten keine Gewalt und mussten niemandem eine Waffe an den Kopf halten, um ihn von der Glückseligkeit der Botschaft zu überzeugen. Sie waren begeisterte, den Glauben besingende, tanzende, freudige und friedliche Menschen, weil sie eine erlösende Botschaft überbrachten, die die Menschen ansteckten und in ihre Herzen drangen, die sich nach Erfüllung, Glückseligkeit und Auflösung des menschlichen Leidens sehnten.

In dieser Weise lohnt es sich auch heute wieder, durch die Lande zu ziehen und die Frohe Botschaft der göttlichen Verkündigung den Menschen zu bringen, die in ihrer Not leiden. Und diese Botschaft darf nicht zur Stagnation, Hinnahme von Ungerechtigkeit und Ausbeutung führen. Nein, sie muss den Frieden revolutionieren, indem sie von Entschlossenheit, Stärke und Standfestigkeit beseelt ist, die sich nicht fürchtet vor den Mächtigen und Reichen dieser Welt, sondern sie auf friedliche

Weise entmachtet und die Menschen zur Gleichheit, Freiheit und Teilnahme an einem gerechten Wohlstand führt.

Marschieren wir als vermeintliche Feinde aufeinander zu, bis zu den Zähnen bewaffnet, den Kopf voll mit Vorurteilen, das Herz voller Verletzungen und den Bauch voller Hass auf unsere Kontrahenten, und legen wir dann die Waffen aus den Händen und setzen uns gemeinsam zur Meditation nieder.

Lassen wir uns dabei berühren von den Schmerzen in uns und dringen wir innerlich vor, bis wir Erkenntnis erlangen über unsere Gefühle, die uns antreiben, gegen den anderen in den Krieg zu ziehen. Erzählen wir dann von unserer Not, unseren Ängsten und weinen wir gemeinsam über das erlittene Leid, unsere Verblendung, Menschen auszubeuten, mit unseren Lebensvorstellungen zu vergewaltigen und sie nicht geachtet zu haben als Brüder und Schwestern. Lassen wir alle Vorstellungen los, die uns zu Feinden gemacht haben, alle Schuldvorwürfe und öffnen wir uns der Erfahrung des Einsseins.

Wissend um unseren zerstörerischen Hass, unseren Schwur, nicht vor dem Gegner zu kapitulieren, mag er auch noch so stark sein, geben wir uns die Hände und breiten wir die Arme aus für eine Versöhnung und beschreiten wir eine neue Ära der Liebe, des Mitgefühls, der Toleranz und des Teilens, damit jeder Mensch frei von Hunger und Not ein menschenwürdiges Dasein leben kann.

Der Theologe Hans Küng, Präsident der Stiftung Weltethos, hat zum Manifest für die Vereinten Nationen »Brücken in die

Zukunft« 2001 gesagt: »Kein Friede unter den Nationen ohne Frieden unter den Religionen.

Kein Friede unter den Religionen ohne Dialog zwischen den Religionen.

Kein Dialog zwischen den Religionen ohne globale ethische Standards.

Kein Überleben unseres Globus in Frieden und Gerechtigkeit ohne ein neues Paradigma internationaler Beziehungen auf der Grundlage globaler ethischer Standards.« (H. Küng, Was ich glaube, S. 297, 2010)

Wie notwendig der Dialog und eine kritische Betrachtung der medialen Berichterstattung sind, wird daran deutlich, dass bei der Berichterstattung über terroristische Attentate, die von Islamisten begangen wurden, sofort die Verbindung zu ihrem Glauben gezogen wird, »Islamist sprengte sich und …«, »Muslime töteten …«, »Islamisten enthaupteten ihre Opfer«. Dies ist bei christlichen Attentätern nicht der Fall. »Christliche Täter (RAF) töteten Arbeitgeberpräsident Schleier«, drei »Christen« (NSU) töteten zehn deutsche Menschen mit Migrationshintergrund, »Christen« kämpfen an der Seite von Dschihadisten, »Jugendlicher Christ verübte Attentat an deutscher Schule«.

Diese Berichterstattung diskreditiert die islamische Religion, stellt einen direkten Zusammenhang zwischen Terror und muslimischen Mitmenschen her und heizt auf diese Weise die Islamfeindlichkeit in der Welt und auch in Deutschland an.

Wie die Bertelsmann Stiftung im Januar 2015 in einer aktualisierten Studie von 2014 feststellte, vertreten 61 % der Bundesbürger die Meinung, der Islam passe nicht in die westliche Welt. Obwohl 90 % der hochreligiösen Muslime die Demokratie für eine gute Regierungsform halten, zeigt die »Sonderauswertung Islam« aus dem Religionsmonitor der Stiftung, dass von den über 54-Jährigen sich 61 % durch den Islam bedroht fühlen, von den unter 25-Jährigen hingegen nur 39 %. Und das Besondere daran ist, dass die Angst am stärksten dort vertreten ist, wo die wenigsten Muslime leben!

Das heißt, auch wenn die Studie eine starke Verbundenheit der Muslime mit Staat und Gesellschaft belegt, stehen umgekehrt den Muslimen und ihrer Religion große Teile der nicht muslimischen Bevölkerung ablehnend gegenüber.

Tägliches Töten

Ein Terrorist, ein Mensch, der Gewalt als die einzige Möglichkeit sieht, die Welt zu verändern, öffnet das Tor zum Schatten der menschlichen Seele und zu dem in uns anwesenden Samen der Gewalt und des Hasses.

Wir schauen zu sehr auf die anderen Menschen, wenn wir an Hass und Töten denken und darüber reden. Der böse Nachbar, die schlagenden Hooligans, die ausländerfeindlichen Rechtsradikalen, die Salafisten, Dschihadisten, Terroristen …

Es ist nicht leicht, sich mit dem Töten ernsthaft zu beschäftigen, wenn wir uns nicht außen vorlassen wollen. Können Sie töten? Wen oder was könnten Sie töten? Haben Sie schon getötet? War es ein bewusstes Töten oder ein unabsichtliches Töten?

Sinnvoll ist es, sich über einige Grundannahmen klar zu werden. Was fällt uns ein, wenn wir ans Töten denken? Natürlich zuerst die Nachrichten von gestern oder die Zeitung von heute. Dort wird ausgiebig über Kriege, Attentate, Morde im Kleinen wie im Großen berichtet. Enthauptungen von Kämpfern des IS, Menschen, die von unbemannten Drohnen zu Staub zerschossen worden sind. Dazu kommen vielleicht noch Bilder von der Tötung von über tausend Hühnern, die an der Vogelgrippe erkrankt sind, oder ein kurzer Bericht über das fließbandmäßige Schreddern von kleinen Küken, über die wir uns als Kinder so gefreut haben. Vielleicht arbeiten Sie auch selbst in einem Schlachtbetrieb oder forschen an Embryonen. Unser Bundestag hat sich in diesem November ernsthaft mit dem Töten auf Wunsch bei unheilbarer Erkrankung auseinandergesetzt. Es gibt Menschen, die sich selbst töten, weil ihnen ein Weiterleben nicht mehr möglich ist. Möglich wäre auch, dass Sie in einem Betrieb Waffen herstellen, die dieser Tage in die Krisengebiete geliefert worden sind. Töten findet viel und dauernd statt, direkt und indirekt.

Manchmal ist es nah, wenn ein Nachbar seine Frau und Kinder getötet hat, oder es ist weit weg, weil es in einer anderen Stadt geschah, als ein junger Mensch Amok gelaufen ist und Mitschülerinnen und Mitschüler und Lehrer mit in den Tod nahm.

Wir können dem Töten nicht entkommen!

Fassen wir töten enger und beziehen es auf alle Lebewesen, dann gehören auch Kleinstlebewesen dazu. Sie joggen durch den Wald und treten einen Käfer, eine Spinne unabsichtlich tot. Wenn Sie gärtnern, graben Sie eine Pflanze aus und töten aus Versehen einen Wurm, einen Engerling dabei. Manche Menschen essen keine Pflanze, z. B. Kartoffel oder einen Rettich, weil sie dann ganz vernichtet wird, im Gegensatz zu einer Frucht von einem Strauch oder Baum, der immer wieder neue Früchte hervorbringt.

Wir können dem Töten nicht entkommen!

Was wir aber können, ist, eine reflektierte, verantwortliche Haltung einnehmen und töten bis auf das reduzieren, was wir nicht verhindern können. Vielleicht fängt das Töten bei Ihnen auch erst beim Töten von Menschen an. Bei mir nicht! Als aufgewachsener Fleischesser habe ich mich während meines Yogastudiums entschieden, auf Fleischkonsum zu verzichten. Ich habe Tiere mit mitfühlenden Augen betrachtet und wollte nicht, dass sie für mich weiterhin sterben sollen. Das war vor über 30 Jahren. Seitdem bin ich Vegetarier, verzehre aber hin und wieder auch Fisch. Eine Spinne im Haus trage ich ins Freie, eine verirrte Wespe lasse ich auf meinen Finger krabbeln und draußen fliegen.

Für mich persönlich hat das Töten noch einmal eine andere Brisanz bekommen, nachdem bestbewaffnete Kämpfer des IS in brutalster Weise in Syrien und im Irak Menschen umbrachten. Und sie stellen Hinrichtungen in aller Öffentlichkeit zur Schau. Die Nachrichten sind voll von schrecklichen Bildern, es wird von einem möglichen Völkermord gesprochen. Es ist die Haltung dieser Kämpfer, mit größtmöglicher Brutalität ihre Macht zu inszenieren. Über Haltungen haben wir bereits gesprochen, diese Männer haben eine Haltung, die ich und Sie wahrscheinlich in keiner Weise teilen.

Was möchte ich mit diesem Buch erreichen, das sie gerade lesen?

Ich möchte jeden Menschen, der Waffen in Krisengebieten befürwortet und selbst mit einer Waffe in der Hand in den Krieg ziehen würde, wachrütteln und ihn davon überzeugen, dass Töten kein Weg ist, Gerechtigkeit oder Frieden in diese Welt zu bringen. Töten bedeutet in gleicher Weise seine Not, seinen Hass ausleben, wie es ein Terrorist tut, sei es im Angriff oder in der Verteidigung. Sie würden keinen »bösen« Menschen töten, auch wenn er gerade einen Journalisten im Irak enthauptet hätte. Sie würden einen Menschen töten, der genau wie Sie ein göttliches Wesen ist.

Es gibt keine bösen Menschen!

Es gibt aber Menschen, die grausam zu anderen Menschen sind und die unbedingt davon abgehalten werden müssen, weiterhin grausam zu sein. Nur nicht durch Töten. Das würde uns nicht von ihnen unterscheiden, auch wenn wir unsere Haltung legitimieren. Der Attentäter legitimiert seine Haltung ebenso. Nur hat er eine andere Haltung. Wir können, nein, wir müssen dieses Töten verurteilen, aber damit beziehen wir uns auf die verabscheuungswürdige Tat und verurteilen diese. Der Mensch, der sie begeht, hat aber noch immer seine Würde, auch wenn er mit seinen Vergewaltigungen und Morden anderen die Würde nimmt.

Mich schmerzt und entsetzt es, wenn ich die Gewalt von Menschen sehe und mein Herz füllt sich mit Traurigkeit über dieses schreckliche Tun und diese Gewalttäter tun mir leid, weil sie sich so weit von der »Liebenden Güte« wegbewegt haben.

Ich weiß, ich verlange viel von Ihnen. Vielleicht legen Sie, wie vielleicht andere auch, jetzt das Buch beiseite, das Sie bis hierher gelesen haben. Vielleicht ja auch nicht! Und das wünsche ich mir von Ihnen, dass Sie mit mir weitergehen, bis wir uns durch das unmenschliche/menschliche Töten hindurchgekämpft haben, weil es seit Menschengedenken zu keinem Frieden geführt hat.

Die Zeit ist reif, dass wir kreativ und mutig zusammenstehen, um neue Wege zu kreieren, auch wenn andere uns verunglimpfen und mit Schuld für den Tod Unschuldiger überhäufen, weil wir nicht wie sie zu den Waffen greifen. Es gibt keinen Weg, der mit Waffen über eine kriegerische Auseinandersetzung zum Frieden führt.

Gandhi sagte:
»Der Friede ist der Weg und nicht das Ziel!«

Gäbe es keine Mordinstrumente, könnte niemand mit einer Waffe einen anderen töten. Und die Waffenindustrie ist kreativ, innovativ und auf Wachstumskurs. Und das Töten wird immer subtiler und leiser, aber es tötet und die Mär vom sauberen Krieg, den uns die Verantwortlichen für den Irakkrieg einreden wollten, mit lächelnden Soldaten in den Panzern, entpuppte sich als Blutbäder, barbarische Folterungen und unmenschliche Schändungen an Lebenden und Toten.

Ich möchte mit Ihnen zu der Erkenntnis kommen, dass wir jeglichem terroristischen Tun den Boden entziehen müssen. Und dass jeder Mensch verantwortlich dazu beitragen muss. Und Dialogbereitschaft ist notwendig, damit wir mit gewalttätigen Menschen mitfühlen, um ihren Hintergrund zu verstehen. Niemand tötet einfach nur mal so. Verstehen wir die inneren Zusammenhänge und Gründe eines Terroristen, dann ist es uns möglich, damit aktiv auf eine adäquate Weise umzugehen, um für alle akzeptable Lösungen zu erarbeiten.

Damit der terroristischen Motivation, zu töten, weil die Ungerechtigkeit, die Armut und die Verelendung in dieser Welt so groß sind und nicht alle Menschen gleichen Zugang zu lebensnotwendigen Ressourcen haben, der Boden entzogen wird, ist es ebenso wichtig, dass wir endlich den Begriff des Terrors erweitern und all die Menschen mit darunter subsumieren, die durch ihr egoistisches auf Macht und Reichtum ausgerichtetes Handeln am Leid anderer Menschen verdienen!

Dies ist lange genug unter freiheitlichen marktwirtschaftlichen Gesichtspunkten erlaubt gewesen, nährt aber auf dramatische Weise das Leid und den Terrorismus in unserer Welt und das darf nicht sein und muss schonungslos in unserer Gesellschaft angeprangert, verurteilt und verboten werden!

Und dies darf nicht auf die lange Bank geschoben werden, sondern es sind sofort alle politischen Kräfte gefordert, entsprechende Maßnahmen und Gesetze auf den Weg zu bringen. Wäre ich ein Mensch, der aus existenzieller Not sich dem Terrorismus anschließt, dann wäre ich ungeduldig und würde nicht auf schöne Sonntagsreden hören und mich weiterhin vertrösten lassen. Es macht mich richtig wütend, um es noch einmal nachdrücklich zu sagen, wenn ich die immer gleich klingenden Mahnungen der westlichen Staaten und der USA zur Siedlungspolitik der Israelis höre, verbunden mit der Aussage, gerade wir Deutschen dürften aus unserer geschichtlichen Schuld im Zusammenhang mit der Ermordung von Millionen Juden im Zweiten Weltkrieg uns nicht anmaßen zu urteilen. Und ob!

Gerade weil wir den Weg schlimmster Unmenschlichkeit gegangen sind, müssen wir laut und deutlich aufstehen, wenn sich vor unseren Augen Menschenrechtsverletzungen ereignen, und wir müssen nicht nur Stellung beziehen, nein, wir müssen Maßnahmen ergreifen, die die radikalen, kriegstreibenden Kräfte in Israel begrenzen und diejenigen politischen Kräfte unterstützen, die auf Verständigung und Frieden ausgerichtet sind. Gegen Russland und Putin werden die Krallen in Form von Ausgrenzung und Sanktionen gezeigt, gegen Netanjahu und Israel zeigt die Weltöffentlichkeit seit Jahrzehnten samtene Pfoten. Ein erster Schritt müsste für Deutschland und alle anderen Staaten sein, sich ein Beispiel an Schweden, neben anderen 135 Ländern, zu nehmen und Palästina als eigenen unabhängigen Staat anzuerkennen. Das Zweite, was schon seit Jahrzehnten überfällig ist, ist die Rückgabe der von Israel besetzten Gebiete an die Palästinenser. Dazu gehören das Westjordanland einschließlich Ostjerusalems, die Golanhöhen und der Gazastreifen! Daraus ergibt sich schon ganz selbstverständlich, dass zum Dritten der Siedlungsbau sofort gestoppt wird. Das Beschießen von Israel mit Raketen durch die Hamas ist Terror, die Besetzung palästinensischer Gebiete, und das seit 1967, ist eine strukturelle Gewalt, die an täglichem Terror nicht zu überbieten ist! Bei keinem Land auf dieser Welt wird ein solches Verhalten geduldet. Der nun schon ewig wiederkehrende Protest der UN, der USA und Europa hat nicht einmal den Bau eines einzigen unrechtmäßig gebauten Hauses in den besetzten Gebieten verhindert. Es muss die Angst all dieser verantwortlichen Politiker sein, dass sie diesen Konflikt mit den ultraorthodoxen Israelis nicht durchstehen. Auch wenn die ganze Knesset vor Wut rot anläuft und ihre Vorwürfe in die Welt hinausschreit, diese Forderungen wären israelfeindlich, dann müssen wir in Ruhe antworten, israelfreundlicher könnte nicht gehandelt werden, weil ihre jahrzehntelange Verblendung nur durch einschneidende Maßnahmen von den befreundeten Staaten durchbrochen werden könnten. Und die Friedensaussichten könnten für Israel in der Zukunft nicht größer sein als durch diese Schritte.

Als Terrorist wollte ich jetzt, hier und heute ernst genommen werden, damit ich gesehen würde mit meinen Anliegen und damit mir die schreckliche Not, töten zu müssen, genommen würde. Das mag merkwürdig klingen, wenn wir die Gesichter mancher Terroristen sehen, die eine Bluttat begangen haben, aber ich glaube, dass das hämische Lächeln sich auf die Vergeltung, auf den geglückten Racheakt bezieht und nicht das »freudige Töten« an sich damit gemeint ist.

Ich bin ein Terrorist, Gärtner, Kindersoldat, Koch, Dschihadist, Rabbi, ein Marktverkäufer, Hedgefonds-Manager, Mönch, ein Mann, eine Frau, ein Kind … In der Tiefe der Meditation erfahren wir uns als eins, gibt es kein Getrenntsein. Ich bin ein von Gott geschaffenes Wesen, ein Mensch wie du, ein Mensch, der eins ist mit all seinen Mitmenschen und weil das so ist, schmerzen mich die beiden Seiten der Münze, die zusammengehören wie Tag und Nacht.

Auch in dem »Bösen« finden wir Gott.

Es gibt nichts, was aus dem Göttlichen herausfällt. Ein Vulkanausbruch, ein Schneesturm, eine Hochwasserkatastrophe, ein Tsunami ist weder gut noch böse, er ist einfach das, was er ist. Nur hat es Folgen! Und diese Folgen können dramatisch und verheerend sein, wie wir es immer wieder erleben. Unser Handeln als Menschen ist weder gut noch böse, aber es hat Folgen und diese Folgen können Tränen, Leid und Tod nach sich ziehen oder ein Lächeln, einen Menschen, der ein Heim gefunden hat, einen Menschen, der satt geworden ist, einen Menschen, der seine Würde wiedererhalten hat.

Jeder von uns muss sich dieser Verantwortung bewusst sein, dass er all die Menschenanteile von Gewalt bis zum Beschenken von Glückseligkeit in sich trägt, und wenn wir gehen, dann schauen wir zu unseren Fußspuren, die wir hinterlassen, und können sehen, ob sich dort der Samen des Friedens entfaltet oder der Samen des Hasses.

Es heißt unisono bei den westlichen Regierungen, den USA und den Israelis, wenn es zu terroristischen Anschlägen gekommen ist: »Wir werden uns nicht von einer Handvoll Terroristen erpressen und unser Handeln diktieren lassen.« Das mag in gewisser Weise verständlich sein, aber nochmals gesagt, wir müssen die zum Himmel schreienden Ungerechtigkeiten aus der Welt schaffen, damit Terrorismus nicht mehr notwendig ist.

Für mich verbirgt sich hinter der »Nichterpressbarkeit« oft die eigene Unfähigkeit, einen friedvollen Schritt auf den andern zuzugehen und ihn in seinem Anliegen ernst zu nehmen und wirklich einen Prozess der Auflösung von Ungerechtigkeit zu initiieren. Nach der Beendigung eines terroristischen Anschlags geschieht nämlich nichts, was dazu führen würde, das Leid in Ländern zu verringern, in denen Armut und Verzweiflung herrschen. Und wieder ist dies eine indirekte Aufforderung zu Eskalation von Gewalt. Was soll denn mit dem Hass geschehen? Fragen Sie sich das! Wenn Sie in Ihrem Anliegen nicht gehört und wieder nicht ernst genommen wurden und Ihre Kinder sterben, Ihr Volk leidet, was machen Sie, damit Sie gehört werden? Sie können in die Resignation oder Depression gehen, wie es der Großteil der Menschheit, die leidet, sicherlich macht, oder Sie werden versuchen, mit den nächsten Anschlägen noch mehr Aufmerksamkeit zu erlangen, um endlich gehört zu werden.

Aus diesen Gründen müssen wir den Schleier von unseren Augen nehmen und mitfühlend auf die leidvollen Zustände in dieser Welt schauen und wir müssen handeln, jetzt! Und dazu gehört, dass wir in keiner Weise zulassen dürfen, dass die freie Marktwirtschaft die Schere von Arm und Reich immer weiter auseinandergehen lässt und die Großkonzerne uns weismachen, nur permanente Wachstumssteigerungen und Handelsfreiheiten würden unseren Wohlstand gewährleisten. Sicherlich von einigen wenigen. Noch im Herbst 2014 wurde erschreckend deutlich, wie über die unterschiedlichsten Transaktionen und Scheinfirmen große Konzerne ihrer Steuerpflicht nicht nachgekommen sind und in Luxemburg eine Möglichkeit fanden, sich ihrer gesellschaftlichen Mitverantwortung gegenüber ihrem eigenen Land zu entziehen. Es gab gesetzliche Lücken für diese Möglichkeit, aber moralisch ist dieses Tun nicht zu verantworten, weil es zum Nährboden für terroristische Gewalt wird. Was wird wahrgenommen von Menschen, die ihre kleinen ausgezehrten Kinder auf dem Arm haben und ihnen nichts zu essen geben können, bis diese sterben?

Sie erleben eine unerträgliche Ignoranz ihrem Leid gegenüber. Diese Mütter mit ihren kleinen Kindern werden resignieren und klagen und sich nicht radikalisieren, aber die jungen Männer des Volkes, die das Leid mitansehen und manchmal auch junge Männer in Europa, die diese Menschen unterstützen wollen, werden sich radikalisieren, weil die Menschenrechte in dieser Welt mit den Füßen getreten werden. Ich will dem Terrorismus nicht das Wort reden, aber ich will den Finger auf die große Wunde der Hintergründe legen, die nicht heilen wird, wenn nicht alle Anstrengungen unternommen werden, die Zustände auf unserer Erde zu ändern!

Nicht nur die Klimakatastrophen nehmen Jahr für Jahr zu, auch die sozialen menschlichen Katastrophen.

Es ist nun eine persönliche Herausforderung für jeden Einzelnen, sich darüber klar zu werden, welche Haltung er selbst hat in diesem großen menschlichen Drama der Gewalt und Ungerechtigkeit auf dieser Erde. Und keiner von uns ist nur Zuschauer wie im Theater. Wir alle sind verantwortliche Akteure und haben unsere Rollen. Sie können natürlich abwinken und sagen: »Was geht's mich an, irgendwie wird es schon laufen, es gibt genug, die sich darum kümmern.« Aber dann würden Sie das Buch nicht gelesen haben. Unser Frieden, unser Wohlstand und unser menschliches glückliches Miteinander haben sich in der Vergangenheit nicht und lassen sich auch in Zukunft nicht ohne den Frieden, den Wohlstand und das menschliche glückliche Miteinander aller Völker realisieren!

Sinngemäß sagte der tibetische Lama Pema Chödrön: »Wie können wir anderen helfen, ihre eigene Weisheit zu entdecken, ihre eigene Güte und ihren eigenen Humor? Das ist eine viel größere Herausforderung, als andere anzuklagen, sie zu hassen und dementsprechend zu handeln.«

Spirale der Gewalt

Ein Terrorist, ein Mensch, der Gewalt als die einzige Möglichkeit sieht, die Welt zu verändern, liefert anderen Menschen Rechtfertigungen für ihre eigene Gewalt und ihre Kriege.
Es ist der Kreislauf der Gewalt, den wir selbst in Gang halten. Die Menschheit war und ist weiterhin voll von Kriegstreibern. Ich habe die weltweiten kriegerischen Konflikte nicht mitgezählt, für die einzelne Menschen und Regierungen verantwortlich sind. Und ich unterstelle vielen Politikern, dass sie aus persönlichen Machtinteressen sich von reaktionären, fanatischen Lobbyisten oder religiösen und wirtschaftlichen Interessengruppen unter Druck setzen lassen und ihr eigenes, vielleicht vorhandenes Friedensbewusstsein aufgeben.

Ich persönlich kenne nur Frieden in meinem Land, abgesehen von schwerwiegenden terroristischen Attentaten. 70 Jahre ist schon der Zweite Weltkrieg her, für den mein Volk, zu dem ich gehöre, die Verantwortung trägt.

Mein Vater zog als junger Mann in den Krieg, erlebte das Töten und das Leid in der Kriegsgefangenschaft und kehrte traumatisiert wieder in seine Heimat zurück. Der Vater meiner Brüder zog aus, um Polen zu erobern, und wurde in Warschau erschossen. Sie wurden angetrieben durch einen fanatischen Kriegstreiber, glaubten an seine Visionen eines großen Deutschlands, das die Welt unterwerfen kann und die Menschheit bereinigen kann von unwürdigem Leben. Millionen Menschen starben, viele davon wurden in Konzentrationslagern hingerichtet. Zwei junge Männer, die sich irreleiten ließen, von einem machtbesessenen, verblendeten Mann. Beide katholisch, glaubten an Gott und trugen trotzdem mit ihren Waffen die menschenverachtende Ideologie in die Welt. Sie waren gefangen in einem befehlsempfangenden Gehorsam und hatten ihr eigenes kritisches Denken und ihr empfindsames Mitfühlen zurückgelassen oder auch nie wirklich ausgebildet. Und hier liegt die große Gefahr für jeden Menschen, für jede Generation, sich einlullen zu lassen von Menschen, die das Maul weit aufreißen, ihre geistigen verblendeten Ideologien als die Wahrheit verkaufen und Menschen für ihre egoistischen Zwecke benutzen und ausbeuten. Heute gibt es wieder viele junge Menschen, die sich dem Terror verschreiben und sich blenden lassen.

Und mitverantwortlich für die Kritiklosigkeit sind unser Bildungssystem und die Lehrpersonen, die die jungen Menschen auf angepasstes Kopfwissen trimmen und keinen Widerspruch dulden, nicht an eigenen kritischen Denkansätzen ihrer Schüler interessiert sind und sie nicht schulen im Hinterfragen von überlieferten Traditionen und vorgekautem Wissen.

Persönlichkeiten, die Verantwortung für die Zukunft der Erde, für ein friedliches Miteinander übernehmen sollen, dürfen nicht einfach die alten Lösungsmuster der Alten übernehmen, sondern müssen revolutionär mitfühlende und auf Frieden hin orientierte Wege gehen. Bleiben sie in den Denkmustern der alten Kriegsgenerationen stecken, werden sie ebenso aus der Hassspirale nicht herauskommen, zu gewaltsamen Mitteln greifen, um Konflikte zu lösen, und sich anwerben lassen von gewalttätigen Dschihadisten, die eine Lücke in ihrer Persönlichkeit ausfüllen, zu der unsere Gesellschaft im Moment nicht in der Lage ist, weil sie nicht die ganzheitliche Entwicklung junger Menschen im Auge hat, sondern auf eine möglichst schnelle Einsatzbereitschaft auf dem Arbeitsmarkt abzielt.

Es gibt ein Beispiel für Großmut und Herzenswärme. Die von uns Deutschen überfallenen Länder wie z. B. Frankreich, England, Niederlande, Polen, Norwegen, Dänemark leben heute in einer gemeinsamen Europäischen Union zusammen, obwohl sie einst unversöhnliche Feinde waren. Das ist ein Beispiel für Verständigung, Dialog und einen Willen, auf friedvollen Wegen miteinander zu leben, anstatt revanchistisches Gedankengut zu hegen. Es zeigt die Fähigkeit von uns Menschen, den Tätern auch nach den schrecklichsten Kriegsgräueln vergeben zu können und sich zu versöhnen.

Betrachten wir die Berichterstattung in der Presse zum Thema Islamischer Staat, dann spiegelt sich dort der Kreislauf der Gewalt und das Denken in kriegerischem Vokabular wider. Ich möchte nur auf den Leitartikel »Das syrische Dilemma« aus dem »Der Spiegel« Nr. 36 vom 01. 09. 2014 hinweisen. Es gibt dort keine Möglichkeit kriegerischer Enthaltsamkeit, sondern es geht nur um die Frage, wie und wer mit wem die Kämpfer des Islamischen Staats (IS) auslöscht. »… es genügt nicht nur ein paar Bomben über dem Nordirak abzuwerfen.« »… auch wenn das nicht ohne Kollateralschaden geschehen kann …« Unter Kollateralschaden versteht man gemeinhin, dass das Töten von Zivilisten in Kauf genommen wird. Es sind ja nicht unsere Frauen und Kinder! »Deshalb ist es zwar paradox, wenn der Westen nun eine Zusammenarbeit mit Assad erwägt, den viele am liebsten schon längst aus seinem Palast gebombt hätten.« »Die Sicherheit kann in Ausnahmesituationen schwerer wiegen als die Durchsetzung von Menschenrechten.« »Es ist furchtbar, sie (solche Kompromisse, Anm.d.V.) schließen zu müssen, für die eigenen Ziele die Moral beiseitezuschieben.«

Es ist nicht das erste Mal, dass Despoten mit Geld und Waffen unterstützt werden, um die eigenen Interessen in einem Land zu sichern. Das war bei den Taliban in Afghanistan durch die USA so und Russland unterstützte Charles Taylor und seine RUF in Liberia, um nur einige Beispiele zu nennen. Heute wird wieder überlegt, welche Seite mit Waffen und militärischer Hilfe unterstützt wird, ungeachtet dessen, dass der IS seine modernen Waffen gerade erst aus den amerikanischen Beständen im Irak erbeutet hat.

Auch in Deutschland wurde überlegt, ob neben der humanitären Hilfe Waffen an die Kurden geliefert werden sollten. Heute sterben die ersten Kämpfer des IS durch diese Waffen. Und die Lieferung von Waffen heißt letztlich nichts anderes als abwarten und zuschauen, ob sich das Problem irgendwie löst. Es ist ein Abwarten mit gutem Gewissen, da wir uns ja in der Krisenregion engagiert haben. Und nebenher kann sich die Regierung der Sympathie der Rüstungsindustrie sicher sein. Aber wer wird über diese Waffen verfügen, wenn der Konflikt beendet sein sollte? Es gibt keinerlei Sicherheit, dass sie nicht in die falschen Hände fallen oder durch andere Gegner später gegen den Westen gerichtet werden. Ein Mehr an Waffen führt nicht zu einem Mehr an Menschenrechten, sondern kurz- und langfristig wie bisher bei allen anderen Konflikten treibt es nur die Zahl der Opfer in die Höhe.

Der Frieden zukünftiger Generationen wird durch jede

neue kämpferische Handlung erschwert. Aber denjenigen, die in Waffenlieferungen oder Bombardierungen keine friedensstiftenden Lösungen sehen, wird vorgeworfen, gleichgültig gegenüber dem Leiden der Menschen vor Ort zu sein und Völkermord hinzunehmen. Auch bei derartigen unredlichen Vorwürfen ist es wichtig, an alternativen Handlungsstrategien zu arbeiten und sich nicht in das überholte Denkmuster von »Gewalt kann nur mit Gewalt beantwortet werden« hineinziehen zu lassen.

Denn gibt es keine wirkliche übergeordnete weltweite Friedensarbeit, die die Armut und die Benachteiligung der Menschen weltweit zu lösen beginnt, dann können wir immer wieder erleben, dass der Boden, auf dem die Gewalt eskaliert, von uns Menschen bestellt wird. Der Terrorist fühlt sich in einer Sichtweise bestätigt, dass seine religiösen, kulturellen Werte von der westlichen Welt nicht genügend respektiert bzw. mit den Füßen getreten werden. Er sieht sich völlig im Recht, wenn er zu den Waffen greift, um für seine Überzeugungen zu kämpfen. An dieser Stelle liefert er natürlich allen Kriegsbefürwortern die passenden Gewaltsituationen, um mit ebenfalls tödlichen Waffen die eigenen Grenzen und die Menschen des eigenen Volkes zu schützen.

Geleitet wird das Interesse der EU und der USA von dem vordringlichen Wunsch, über einen sicheren Zugang zu den Rohstoffen in der arabischen Region verfügen zu können, die in der eigenen Wirtschaft für den Fortbestand der Entwicklung benötigt werden. Aus diesem Grunde und um die Bedrohung durch internationale terroristische Gruppen zu verringern, stärken sie die Regierungen der Staaten wie Saudi-Arabien, Bahrain, Katar, Kuwait, Oman, die Vereinigten Arabischen Emirate und halten sich diese als Verbündete, auch wenn diese keine demokratischen Strukturen haben. Russland und China stehen eher zum Iran und dem Regime von Assad in Syrien. Letztlich hängen das Verhältnis zu den islamistischen Terrorgruppen, ihre finanzielle und ideologische Unterstützung von den wirtschaftlichen Interessen der Industrieländer ab. Auch wenn die Sunniten, die Kurden, die Schiiten, der IS, das Assad-Regime, die Freie Syrische Armee (FSA) von den unterschiedlichen Ländern oder privaten Geldgebern kräftig unterstützt werden, so werden sie doch letztlich nur benutzt für die ureigenen Interessen ihrer Unterstützer. Damit kämpfen viele einen Stellvertreterkrieg und gehen am Ende für die Gier nach Besitz und Kapital in den Tod. Und der Kreislauf der Gewalt und der Kriege wird bei aller Scheinheiligkeit aufrechterhalten.

Warum sollten also Friedensbemühungen ernsthaft verfolgt werden, wenn die kleine Gruppe der Menschen, die weltweit über das meiste Kapital verfügen, ihren zukünftigen Gewinn nicht nur schmälern, sondern auch ihren jetzigen Besitz teilen sollte? Da kann es nur im Interesse der Mächtigen und Kapitaleigner besser sein, die Dynamik und die Spirale der Gewalt und des Krieges aufrechtzuerhalten.

Krieg ist ein wachstumsorientierter Wirtschaftsfaktor nicht nur für die Waffenindustrie, auch für alle anderen Branchen. Zum Beispiel erfordert die Bombardierung des Gazastreifens durch die israelischen Streitmächte ein milliardenschweres Aufbauprogramm des zerstörten menschlichen Wohnraumes, samt

Straßen, Schulen, Krankenhäusern, der gesamten Infrastruktur. Nebenbei bemerkt wird der israelische Staat sich nicht daran beteiligen.

Trotz allem hat es in der Geschichte der Menschen Vorbilder gegeben, die sich nicht in den Kreislauf der Eskalation von Gewalt hineinziehen ließen. Ich möchte nur einige Beispiele nennen, an denen wir uns orientieren können.

Martin Luther King, der Friedensnobelpreisträger von 1964, erlebte Rassismus von Kindesbeinen an. Schwarze und Weiße wurden durch das Gesetz der Segregation in den Südstaaten Amerikas strikt voneinander getrennt. Die Schwarzen durften weder die gleiche Toilette benutzen noch vom gleichen Wasserspender trinken wie die Weißen. Seine Mutter durfte als Lehrerin nicht in Schulen für Weiße unterrichten. Martin Luther King glaubte zutiefst an Gerechtigkeit und an die Macht der Moral. So wurden direkte gewaltfreie Aktionen wie Märsche, Sitzblockaden und Gebetskreise seine Waffen im Kampf gegen Rassismus. In Memphis wurde Martin Luther King am 4. April 1968 im Alter von 39 Jahren beim Kampf an der Seite schwarzer Müllarbeiter für besseren Lohn mit zwei Schüssen erschossen.

Martin Luther hatte die Bürgerrechts- und Friedensbewegung der ehemaligen DDR inspiriert, die sich zu Freitagsgebeten in den Kirchen versammelten, und spielte so eine maßgebliche Rolle bei der Wiedervereinigung beider deutschen Staaten und dem Fall der Berliner Mauer, der sich am 9. November 2014 zum 25. Mal jährte. Und die familientrennende Mauer aus Beton, Gräben und Stacheldraht, bewacht von schießenden Grenzposten in Berlin, verflüchtigte sich im Angedenken an ihren Fall durch eine symbolischen Mauer aus Ballons in den nächtlichen Abendhimmel.

Nelson Mandela musste 27 Jahre als politischer Gefangener in Haft verbringen, da er sich als südafrikanischer Anti-Apartheid-Kämpfer ab 1944 im African National Congress (ANC) engagierte und für Freiheit, gegen Rassentrennung, Unterdrückung und soziale Ungerechtigkeit eintrat. Er war erster schwarzer Präsident seines Landes von 1994 bis 1999. Er wollte keine Rache für das Unrecht der Apartheid und erhielt 1993 den Friedensnobelpreis. Er setzte sich für Versöhnung ein, für ein friedliches und gerechtes Südafrika. Nelson Mandela war ohne Waffen zum Wegbereiter des versöhnlichen Übergangs von der Apartheid zu einem gleichheitsorientierten, demokratischen Staatswesen in Südafrika geworden. Die strikte Gewaltfreiheit gaben Mandela und der ANC auf, als friedliche Demonstranten von der Polizei 1960 erschossen und der ANC verboten wurde. Sie zerstörten oder beschädigten z. B. Strommasten oder Regierungsgebäude.

Mahatma Gandhi, der geistige Führer der indischen Unabhängigkeitsbewegung, forderte die Menschenrechte für die Unberührbaren und Frauen, trat für die Versöhnung zwischen Hindus und Moslems ein. Seine Grundhaltung war geprägt von Festhalten an der Wahrheit und der Gewaltlosigkeit. Dazu gehörte auch die Forderung nach politischer Selbstkontrolle und Selbstbestimmung. 30 lange Jahre setzte er sich nur mit einem Lendenschurz bekleidet für einen gewaltlosen Widerstand gegen die Kolonialmacht England ein und führte sein 300-Millionen-Volk 1947 in die Unabhängigkeit. Ein halbes Jahr später fiel er einem Attentat zum Opfer.

Der Dalai Lama, dessen Heimat Tibet seit 60 Jahren von den Chinesen besetzt wird, tritt nach wie vor für eine friedliche Lösung ein. 1989 wurde er für seine Beharrlichkeit und Unerschütterlichkeit, sich mit friedlichen Mitteln für die Freiheit und Selbstbestimmung seines Volkes einzusetzen, mit dem Friedensnobelpreis geehrt.

Noch im Herbst 2014 hat der 79-jährige Dalai Lama in Hamburg zu einem verstärkten Einsatz für den globalen Frieden aufgerufen, da mit Waffengewalt die Konflikte dieser Welt nicht zu lösen seien. Der Friede fände im eigenen Herzen statt und notwendig sei die Überwindung des Egoismus und die Bereitschaft zum Dialog des Geistes. Der Frieden muss von den Menschen geschaffen werden, er kommt nicht von Allah oder Buddha, ist seine Botschaft.

Friedliche Proteste, getragen von einer großen Gemeinschaft, führen zu einem Erfolg und lassen autoritär geführte Regime untergehen! Unterstützen wir mit allen Mitteln Bewegungen, die mit friedlichen Handlungsstrategien gegen ausbeuterische und unterdrückerische Regime in dieser Welt sich zur Wehr setzen. Die westlichen Länder und die USA müssen ihre wirtschaftlichen Interessen hintenanstellen und Verbündete des IS und anderer Terrorgruppen unter wirtschaftlichen Druck setzen, damit die Nachschubwege gekappt werden. Im Konflikt mit Russland werden vereinte Wirtschaftssanktionen koordiniert, auch wenn die heimische Wirtschaft selbst Nachteile erleidet. Vielleicht liegt es daran, dass die Ukraine so nah vor unserer Haustür liegt und Putin den Westen mit seiner Art provoziert.

Wohin verkauft der IS sein Öl? Wo kauft er Waffen? Wer ermöglicht dem IS den Nachschub an Lebensmitteln, um 20.000 Kämpfer unter Waffen zu halten? Wer steht hinter den Milliarden, über die der IS verfügt? Ich bin mir sicher, dass bei aller Spionage bis in die höchsten politischen Ämter der westlichen Regierungen die Geheimdienste der Supermächte davon bestens unterrichtet sind. Aber sie spielen ein moralisch doppeltes Spiel, indem sie Militärberater und Waffen senden, um ihre Solidarität mit den verfolgten Volksgruppen zu dokumentieren, und gleichzeitig nicht die naheliegenden Sanktionen durchführen, die dem IS die Wucht seines Fortschreitens nehmen würde.

Zwischenfrage

An alle Menschen, Unterdrücker, Ausbeuter, Terroristen, machtbesessene Politiker, ich frage euch mit einem Gedicht von Rolf Zuckowski

Und wenn er wirklich wiederkäm'
und wär' nicht so wie wir,
hätt' and're Haut und and'res Haar
als unsre Leute hier.

Wer gäbe ihm zuerst die Hand
und wollte mit ihm gehen,
und auch in seiner schwersten
Nacht noch immer zu ihm stehn?

Wer würde ohne Zweifel ihm
und seinem Wort vertrau'n,
und reinen Herzens, wie ein Kind,
in seine Augen schau'n?

Und wenn er wirklich wiederkäm',
zu uns auf diesen Stern,
er wär', doch auch wie eh und je,
unendlich nach – und fern.

Würden der Prophet Mohammed, Jesus, Mose, Lao-Tse, Siddhartha Gautama oder Shankara auf einem Weg in der Stadt Dhuluijah, nördlich von Bagdad, auf den Knien um Gnade für sich und ihre Kinder bitten und nicht den Vorstellungen der Dschihadisten entsprechen, was würde geschehen?

In jedem Menschen, der getötet wird, ob Jung oder Alt, Mann, Frau oder Kind, werden der Prophet Mohammed, Jesus und all die anderen Religionsgründer getötet …

Würden der Prophet Mohammed, Jesus, Mose, Lao-Tse, Siddhartha Gautama oder Shankara in einem Flüchtlingsboot über das Mittelmeer fahren, um dem Hunger und der Not zu entkommen, würden sie gerettet werden und menschenwürdig behandelt?

In jedem Menschen, der ertrinkt, ob Jung oder Alt, Mann, Frau oder Kind, werden der Prophet Mohammed, Jesus und all die anderen Religionsgründer ertrinken …

Würden der Prophet Mohammed, Jesus, Mose, Lao-Tse, Siddhartha Gautama oder Shankara an die Tür der westlichen Industrieländer klopfen und um die Beendigung der Ausbeutung und Unterdrückung bitten, würden die Politiker, Industriellen, Banker und Börsianer die Zustände ändern?
In jedem Menschen, der unterdrückt und ausgebeutet wird, ob Jung oder Alt, Mann, Frau oder Kind, werden der Prophet Mohammed, Jesus und all die anderen Religionsgründer unterdrückt und ausgebeutet …

Und Sie, gäben Sie einem von ihnen die Hand?

Töten im Namen Gottes

Ein Terrorist, ein Mensch, der im Namen Gottes tötet, führt uns zu der Tatsache, dass es nicht nur einfache einzelne Menschen sind, die im Namen Gottes töten, sondern auch Politiker und Staatsmänner.

Und wer meint, er morde im Namen Gottes, welchen Gottes auch immer, ob es der christliche Gott ist, Allah oder ein anderer Gott, der ist Opfer seiner eigenen Verblendung und ist zum Diener des Bösen in sich selbst geworden.

Denn welcher Gott auch immer bemüht wird für die Rechtfertigung eigener blutiger Taten, der verkennt, dass Gott für Mitgefühl und Liebe eintritt und nicht das Böse in die Welt bringt.

Wir Menschen sind diejenigen, die allein entscheiden, ob es einem anderen Menschen nach dem Kontakt mit uns gut geht, ob er mit einem Lächeln im Gesicht zurückbleibt oder weinend zu Boden sinkt.

Allein, wenn wir hier innerlich anhalten, zurückschauen und uns fragen, wann uns jemand mit Freundlichkeit, Mitgefühl oder Liebe begegnet ist und dieses Zusammensein mit einem Lächeln beendet wurde, dann wird diese beglückende Erinnerung auch jetzt wieder ein Lächeln in unser Gesicht zaubern. Und umgekehrt wird eine zurückliegende Begegnung, in der uns jemand missachtete, respektlos behandelte oder gar gewalttätig zu uns war, Traurigkeit oder auch Wut in uns lebendig werden lassen. Wir haben es also in der Hand, Kontakte zu gestalten, und können von unserer Seite alles dafür tun, damit er mit einem Lächeln endet.

Wir kommen als kleine ungeschützte Wesen auf diese Welt und benötigen neben dem körperlichen Versorgtsein nichts mehr als wärmende Liebe, damit unsere Seele voll Vertrauen in die Welt wachsen kann. Nun ist die Welt alles andere als friedlich und voller Liebe. Ungerechtigkeiten, Ausbeutung, Gewalt, Mord und Krieg bestimmen für viele Menschen auch heute noch den Alltag.

Und so lernen wir in dieser Welt zu bestehen, indem uns gesagt wird: »Was uns nicht tötet, macht uns hart«, »Nur die Harten kommen in den Garten«, »Schläge haben noch keinen umgebracht«, »Die Menschen sind zu schlecht, um ihnen zu vertrauen«, »Niemand meint es gut mit dir, deswegen pass gut auf dich auf«.

Sie werden diese Sätze mit eigenen Erfahrungen ergänzen können.

Aber genau weil dies eine Seite der Realität ist, ist jeder Mensch dazu aufgefordert, den Mitmenschen, der Welt sein Lächeln zu schenken. Manchmal reicht im Vorbeigehen ein freundlicher Blick, ein Lächeln, um den anderen Menschen spüren zu lassen, dass er gesehen, beachtet, in seiner Bedeutung als einzigartiges Wesen wahrgenommen und wertgeschätzt wird.

Es ist ein kleiner Beitrag, es ist unser Beitrag, die Würde des Menschen zu erhalten.

Missachtung, Feindseligkeit und Gewalt untergraben die Würde des Menschen.

Ein Lächeln reicht natürlich nicht immer aus, um die Ungerechtigkeiten aus der Welt zu schaffen. Klare Worte, Stellung beziehen, zu Hilfe eilen, Unterstützung in vielfältiger Form, Solidarität zeigen, Aufklärung, friedliche Proteste, die, wenn es sein muss, ein ganzes Volk bewegen, sind Aktivitäten des Mitgefühls und der Liebe und ein Beitrag zu einer gerechteren und friedlicheren Welt.

Der Mensch beruft sich gern auf Gott, um seine höchst eigenen egoistischen Ziele zu rechtfertigen. Die Kreuzzüge der Christen im Mittelalter und das Vordringen des IS im Irak und Syrien haben den religiösen Fanatismus gemeinsam. Auch der amerikanische Präsident Bush benutzte Gott für seinen Einmarsch in den Irak und belog dabei die Weltöffentlichkeit.

Fanatische Fundamentalisten gehen nicht friedfertig zu Andersgläubigen und zeigen ihnen durch ein erfüllendes, mitfühlendes, demütiges Vorleben ihren eigenen Weg auf, um deren Leben zu bereichern und ihnen Beispiel zu sein, für friedvolles Miteinander bei aller Unterschiedlichkeit des Menschseins.

Fanatische Fundamentalisten verschönern nicht das Leben anderer Menschen durch ihre Anwesenheit und hinterlassen bei diesen kein Lächeln im Gesicht und keine Freude über die stille, wohltuende »Belehrung.«

Nein, fanatische Fundamentalisten kommen laut, bewaffnet, gewaltvoll, zerstörend, vergewaltigend, tötend und überrollen andersdenkende Menschen mit ihren verblendeten Ansichten und kleiden sich mit dem göttlichen Auftrag, die Welt von Ungläubigen zu reinigen.

Gott, Allah, Mohammed, Jesus, Jahve, Buddha würden jedem gewalttätigen Menschen, jedem Terroristen, jedem, der durch Ausbeutung Menschen tötet, die Waffe bzw. sein börsenüberwachendes Smartphone aus den Händen nehmen und ihn dazu bewegen innezuhalten, sich in die Stille zurückzuziehen und sein Herz zu erforschen, um Klarheit über seine Verblendung zu erhalten.

Die Verblendung ist, dass das Festhalten und Durchsetzenwollen von religiösen Vorstellungen oder egoistischen Interessen höher bewertet wird als das Leben eines Menschen. Und Gott würde sie so lange mit dem Leid, das sie hervorgerufen haben, in Berührung bringen, bis sie ein mitfühlendes Herz entwickelt hätten und als Friedensbotschafter in der Welt wirken würden.

Dass der IS sich ein Kalifat wünscht, um seine Sehnsucht, sicherlich auch die vieler Muslime, nach religiöser Reinheit, kultureller Authentizität und politischer Einheit Ausdruck zu verleihen, ist zu verstehen. Dieses Streben darf jedoch in keiner Weise durch ein brutales Vorgehen gegenüber anderen Menschen durchgesetzt werden. Kein Muslime, kein Christ, kein Jude, kein Buddhist wurde auf dieser Welt je durch Gewalt von der Richtigkeit einer anderen Religion überzeugt. Der einzig gangbare und menschenwürdige Weg, einen Menschen zu einem neuen Bekenntnis zu bewegen, ist eine achtsame Begegnung mit mir und mein Versuch, ihn mit meiner religiösen Überzeugung in Kontakt zu bringen. Dazu gehört ein demütiges Vorleben meiner Spiritualität, die durch ihre Menschenliebe gekennzeichnet ist und dem anderen Zeit und Raum gibt sich neu zu orientieren. Und ist meine Weise, meine Spiritualität mit göttlicher Intensität gelebt, wird sie für den anderen spürbar und überzeugend, dann brauche ich nichts weiter tun, als zu warten, bis der andere mich bittet, dazuzugehören und in meine Gemeinschaft aufgenommen zu werden.

Ihr Männer, die ihr mordend und vergewaltigend durch Syrien und den Irak zieht, seid ihr in eurem Herzen von einer anderen Religion zu überzeugen, wenn euch jemand seine Waffe an den Kopf hält, eure Mütter tötet und eure Schwestern und Frauen vergewaltigt?

Nein?

Dann lasst ab von eurer Gewalt und überzeugt euren Nächsten durch Toleranz, Mitgefühl und Liebe und die Türen zu ihren Herzen werden sich öffnen. Und wenn ihr seht, dass Tausende Menschen aus Angst vor euch flüchten und ihr Leben retten wollen und dabei alles Hab und Gut verlassen, dann bleibt stehen, senkt die Waffen und lasst euch in eurem Herzen berühren von den Tränen und der Verzweiflung der Flüchtenden. Kehrt um und baut euer Land friedvoll auf. Und wenn euer Herz voller Verletzungen ist und die Wut darüber euer Streben nach Gerechtigkeit auf dieser Welt antreibt, dann marschiert mit dieser revolutionären Energie los, ohne Waffen, und konfrontiert eure Politiker, eure Regierungen und die Gremien der Vereinten Nationen mit der Macht eurer Sprache und Allah im Herzen. Bringt die Schuldigen für euer Leid vor den Europäischen Gerichtshof in Den Haag und klagt sie dort der Unmenschlichkeit an! Nur auf diese Weise tragt ihr hier und jetzt auf unserer Erde zu einem friedvollen Miteinander der Menschen bei.

Erkenntnis

Ein Terrorist, ein Mensch, der Gewalt als die einzige Möglichkeit sieht, die Welt zu verändern, drängt uns danach, Erkenntnis zu erlangen!

Um welche Erkenntnis geht es? Welche Erkenntnis benötigen wir, damit wir uns dafür einsetzen, dass die Menschen auf dieser Welt in Frieden und gegenseitiger Wertschätzung miteinander leben? Welche Erkenntnis könnte einen Terroristen veranlassen, sich vom Terror abzuwenden, den er bis dahin als das einzig richtige Mittel ansah?

Welche Grundannahmen über das Sein des Menschen und das Miteinander auf dieser Welt könnten dazu führen, dass die Welt friedlicher wird?

Erkenntnis erlangen bedeutet,
sich und sein Tun in Frage zu stellen,
sich auf den Weg der Erkenntnis zu begeben,
mit dem Herzen zu fühlen,
eigenständig zu reflektieren und nicht einfach der Gemeinschaft blind zu folgen.

Sich den grundlegenden Fragen des menschlichen Miteinanders stellen.
Führen meine Handlungen dazu, dass alle meine Mitmenschen in Frieden und Freiheit leben können?
Was ist die Motivation meines Handelns?

Ehrliches Sichhinterfragen: Bin ich getrieben von Macht, Angst, Gier, Ansehen?
Stelle ich Ideologien oder Glaubenssätze höher als das menschliche Wohl?
Was ist der Ursprung meines Tuns?
Welche Erfahrungen in meinem Leben haben den Samen der Gewalt genährt?
Habe ich Erfahrungen von Liebe, Mitgefühl, Geborgenheit und Sicherheit erleben dürfen?

Die grundlegendste und bedeutendste Erkenntnis, die ein friedliches Miteinander der Menschen nach sich ziehen würde, ist die Erkenntnis, dass nichts ein eigenständiges Selbst hat, sondern alles miteinander verbunden, alles eins ist.

Wenn wir uns selbst berühren, dann berühren wir die ganze Welt. Und wenn wir die ganze Welt berühren, dann berühren wir auch alle Menschen und das ganze Sein auf dieser Welt. Kein Mensch ist alleine zu dem geworden, was er ist. Er wäre nicht einmal auf dieser Welt. Er könnte nicht einen Moment ohne die Verbindung zur Erde und zur Luft überleben. Und wenn wir erkennen, das alles eins ist, dann ist unsere vom Egoismus geprägte Verblendung beendet und wir werden ohne Anstrengung und Vorbehalte miteinander friedvoll leben und nachhaltig mit der Natur umgehen.

Deshalb schmerzt es mich sehr, wenn ich erlebe, wie die Natur geschändet wird und unter der menschlichen Ausbeutung und ihren Kriegen leidet. Auch jetzt kämpfen wieder Menschen in Gegenden dieser Welt, die wunderschön sind und die es wert sind, dass man sich dort gemeinsam auf die Erde setzt und einen Tee miteinander trinkt, während langsam die Sonne untergeht. Und jeder schläft in der Nacht ein mit dem Wissen, morgen beginnt ein neuer friedlicher Tag! Und weil die Natur ihre eigene Schönheit hat, uns täglich aufs Neue ernährt und uns reine Luft zum Atmen schenkt, müssen wir einen liebenden Umgang mit allen Tieren, Pflanzen und Mineralien praktizieren.

Niemand, dessen Finger schmerzt, würde seinen Finger abhacken oder bei Magenbeschwerden seinen Magen für alle Zeiten ausmerzen wollen, und wenn unser Auge nicht mehr recht sieht, würde es niemand rausreißen. Nein, wir würden alles versuchen, um Linderung zu erfahren, unsere Gliedmaßen, unsere Organe zu heilen. Auch wenn es viel Zeit in Anspruch nehmen, viel Geld kosten würde und wir immer wieder andere Ärzte aufsuchen müssten, wir würden alle Möglichkeiten ausschöpfen, um wieder ganz gesund zu werden. Uns würde die Erkenntnis leiten, wir sind auch unser Finger, unser Magen und unser Auge, auch wenn sie aus dem Rahmen fallen, schwer krank sind oder von manchen als unheilbar abgetan würde. Wir hätten die Hoffnung, dass wir es schaffen könnten, wenn wir nur daran glauben und nicht aufgeben und uns mit aller Kraft für diesen Gesundwerdeprozess einsetzen. Diese Erkenntnis hilft uns auch zu sehen, dass wir als Menschen alle zusammen eins sind und dass, wenn jemand durch seinen Veränderungsprozess der Gemeinschaft schadet, wir ihn mit allen erdenklichen Mitteln wieder auf den rechten Weg bringen würden, damit wir alle in Gesundheit und Frieden miteinander leben könnten. Kein Abwenden, Töten, Ausmerzen, sondern »Liebende Güte«.

Daraus leiten sich Reformen für die Ausbildung und Fortbildungen für sämtliche Pädagogen ab, die in der Arbeit mit Menschen tätig sind. Dies sind insbesondere Erzieher und Lehrer, denen »die Kleinsten ans Herz gelegt werden«, damit sie zu eigenständigen, mitfühlenden und liebenden Menschen werden.

Unterrichtsinhalte müssen ergänzt und anders bewertet werden. Dem Fach »Liebende Güte« in Verbindung mit einer erfahrbaren Spiritualität käme eine herausragende Bedeutung zu!

Auch wenn die naturwissenschaftlichen Fächer, ebenso die Sprachen für unsere wirtschaftliche Weiterentwicklung unverzichtbar sind, standen und stehen diese Fächer ohne Anbindung an eine richtig verstandene »Liebende Güte« nicht immer im Dienste der menschlichen Entwicklung. Die Entdeckung der Atomspaltung führte nicht nur zur friedlichen Nutzung der Kernenergie, sondern auch zum Bau der Atombombe und ist bis zur heutigen Zeit ein großes Bedrohungspotential für die Menschheit und Ausgangspunkt für viele politische und zwischenstaatliche Konflikte. Ein Erkennen der grundlegenden Verbundenheit von allem, was existiert, hat ein menschliches Miteinander zur Folge, das auch die internationalen Beziehungen auf eine neue Stufe der mitfühlenden gegenseitigen Verantwortlichkeit hebt.

Ich bin überzeugt davon, wenn sich aus allen Religionen nicht die Schriftgelehrten zusammensetzen, sondern die Mystiker, die die religiösen Werke in der Tiefe mit dem Herzen verstanden haben, dann würden Religionskriege nicht mehr notwendig sein. Aber solange Menschen in den Krieg für ihre Religion ziehen, wird deutlich, dass sie nichts von der Wahrheit ihrer Religion verstanden haben. Hätten sie die Wahrheit verstanden, dann würden sie nicht einfach an Lehrmeinungen und Vorstellungen ihrer Religion festhalten, sondern sie würden sich dafür einsetzen, dass hier und heute auf dieser Erde jeder Mensch die Chance hätte, sich voll und ganz in Frieden zu verwirklichen.

Die Betonung liegt auf »jeder Mensch«!

Und dies geht nur, wenn wir alle daran gemeinsam arbeiten und nicht gegeneinander in den Krieg ziehen. Dass wir einen unterschiedlichen Glauben leben, liegt daran, dass wir in den unterschiedlichsten Kulturkreisen geboren worden sind und unsere Eltern uns in ihre Religion eingeführt haben. Als Kind habe ich nicht einmal gewusst, dass es außerhalb des Katholizismus noch andere Religionen gibt, nicht einmal die evangelische war mir bekannt. Das Unbekannte, die Religion mit ihren Traditionen, die uns fremd ist, macht uns vielleicht Angst, aber wenn wir sie in ihrer Tiefe erfahren haben, besteht die Möglichkeit, dass wir ihren Wert erkennen. Und da alle Religionen, wie an anderer Stelle beschrieben, jeweils nur einen Weg darstellen, der zur letztlichen Wahrheit führt, dürfen wir auch ohne Angst Menschen zu einer anderen Religion wechseln lassen, wenn die Praxis dieser Religion ihnen vielleicht näher ist. Einen Religionswechsel zu verbieten oder sogar Menschen zu verfolgen, zeigt nur die Angst der jeweiligen Religionsvertreter, ihre Macht zu verlieren. Sie verfolgen damit egoistische Interessen und dokumentieren mit ihrem gewalttätigen Verhalten nur mangelndes religiöses Verständnis.

Beginnen wir, mit Respekt und Toleranz andere Menschen in ihren religiösen Entscheidungen zu würdigen!

Nutzen wir unsere religiösen Traditionen, um durch tiefes Schauen Verstehen, Mitgefühl und »Liebende Güte« zu entwickeln. Und entschließen wir uns dazu, dass die Freiheit und das Wohl jedes einzelnen Menschen im Vordergrund unseres Handelns stehen und dass für unsere religiösen Dogmen weder gestorben, gekämpft noch getötet werden darf!

Betrachten wir in der Stille unser Leben und erkennen wir, dass nicht das Aufoktroyieren von Meinungen und Haltungen uns zu freiheitlichen Menschen hat werden lassen, sondern das Recht, frei zu wählen und eigenständige Entscheidungen zu treffen. Enthalten wir uns deshalb, anderen Menschen unsere Vorstellungen aufzuzwingen, sondern erlauben wir auch ihnen, selbst zu wählen und frei zu entscheiden!

Seien wir uns bewusst, dass eine Vielzahl von Leiden im zwischenmenschlichen und zwischenstaatlichen Bereich aus Engstirnigkeit, falschen Wahrnehmungen und Festhalten an persönlichen Überzeugungen entsteht. Gehen wir achtsam mit anderen Menschen um, und sind wir bereit, uns ein Leben lang als Lernende zu betrachten!

Wir erleben in der Ukraine, im Irak, in Syrien, in Palästina, dass Kriege in keiner Weise geeignet sind, menschliche und zwischenstaatliche Konflikte zu lösen. Eugen Drewermann sagte dazu: »Krieg ist eine Krankheit, keine Lösung.« Im Bewusstsein dessen, dass Kriege nur großes menschliches Leid hervorbringen, die Natur zerstören und Tiere töten, werden wir heilsamere Wege zum Schutz des Lebens und zur Verhinderung von Kriegen erarbeiten.

Wir wissen aus unserer Erfahrung, dass viele Konflikte und gewalttätige Auseinandersetzungen auf dieser Welt entstehen, weil bewusst Unwahrheiten über einzelne Personen oder Völker in die Welt gesetzt werden. Der Irakkrieg ist eines der grausamsten Beispiele dafür gewesen. Tragen wir dazu bei, indem wir uns innerlich selbst verpflichten nichts Unwahres zu sagen und keine Nachrichten zu verbreiten, für deren Wahrheitsgehalt wir uns nicht verbürgen können!

Und besonders wichtig ist natürlich, dass wir die Folgen unseres täglichen Lebenserwerbs hinterfragen! Trägt meine Arbeit zum Leid oder zum Wohl der Menschheit, der Tierwelt und der Natur bei? Wir wissen um die sozialen, wirtschaftlichen und ökologischen Wirklichkeiten auf unserem Planeten und deshalb ist jeder Einzelne angehalten, seinen Lebenserwerb kritisch zu hinterfragen und letztlich eine Arbeit zu wählen, die den Menschen, den Tieren und der Natur nicht schadet und nicht zu einer Verelendung führt! Ebenso dürfen wir nicht in Unternehmen investieren, die dazu beitragen, dass Menschen, Tiere und die Natur ausgebeutet werden!

Die Liebe Gottes ist für uns Menschen nur zu verwirklichen, wenn wir unsere Verblendung hinter uns lassen und die göttliche Erkenntnis mit unserem Herzen realisieren, dass der Ursprung des Menschen und der Natur, des Kosmos göttlichen Ursprungs ist. Erst dieses Verstehen ermöglicht uns, umfassend zu lieben! Sonst bleibt unsere Liebe klein, egoistisch, an Bedingungen geknüpft. Umfassend wird sie erst, wenn wir uns in der Einheit allen Seins erkennen, dann ist uns der leidende Mensch in einem fernen Land genauso nah wie unser Bruder oder unsere Schwester neben uns. Solange wir nicht verstehen, dass wir alle auf dieser Welt eins und auf Gedeih und Verderb miteinander verbunden sind, wird es Gewalt und Kriege geben und eine umfassende Liebe wird nicht möglich sein.

Erkenntnis und göttliche Liebe gehören zusammen und ermöglichen erst, den auf sich und seine Interessen gerichteten Blick so weit zu öffnen, dass wir auch den Fremden und das Wohl aller Menschen sehen und zu einem umfassenden Frieden kommen.

Ein Anfang

Ein Terrorist, ein Mensch, der Gewalt als die einzige Möglichkeit sieht, die Welt zu verändern, fordert uns Menschen heraus, Formen der Globalisierung zu finden, die zu einer friedlichen Koexistenz zwischen den Völkern, Minderheiten und Religionen aller Menschen führen.

Wie ist es möglich, eine Weise des menschlichen Miteinanders zu finden, die auf gegenseitige Achtung, Respekt, Toleranz und Mitgefühl basiert? Zu groß scheinen die Unterschiede der Völker zu sein, ihr Verständnis von Freiheit, Individualität, Gerechtigkeit und Demokratie. Nicht einmal die Führer der großen Weltreligionen finden einen gangbaren Weg der gegenseitigen Würdigung und Anerkennung. Zu sehr sind sie verhaftet in der Tradition und dem Anspruch, den einzig wahren Weg zu vertreten. Wir Menschen steuern auf unserem Planeten Erde einer Zeit der immer knapper werdenden Ressourcen entgegen. Schon lange verfügen ganze Völker nicht mehr über ausreichend Wasser und Nahrung, um die alltäglichen Bedürfnisse zu decken. Die begonnenen klimatischen Veränderungen werfen ihre dunklen Schatten voraus, mit Dürren, Hochwasser, Stürmen, Tsunami und dem Abschmelzen der Polkappen mit einem steigenden Meeresspiegel. Die Bedingungen, unter denen Menschen auf dieser Welt leben, können nicht weiter auseinander liegen. Ganze Völker wachen jeden Morgen auf und es herrschen Krieg, Not und Elend, während einzelne Personen über grenzenlosen Reichtum verfügen. Und all dies ist ein Nährboden für Wut, Hass, Neid, Gier, Ohnmacht, Gewalt und Terrorismus.

Welche Erkenntnis soll der Terrorist erlangen? Dass er böse

ist, abscheuliche Verbrechen begeht? Dass er mit seiner Gewalt sich außerhalb der Regeln des menschlichen Miteinanders bewegt? Vielleicht hat er das schon realisiert, aber auch festgestellt, dass seine Mitmenschen in den westlichen Wohlstandsstaaten gerne die Augen vor dem Leid der anderen verschließen. Dass sogar Konferenzen, zu denen hochrangige, gebildete Abgeordnete aller Herren Länder tagelang zusammenkommen und über den Fortgang der Menschheit diskutieren, dass diese Tagungsteilnehmer nichts außer einer langen Liste von Absichtserklärungen verabschieden und alle weiteren Entscheidungen auf die Zukunft vertagen. Das Leid, die Not, das Elend vieler Menschen werden weiter geduldet, weil es abstrakt behandelt, innerlich auf Distanz gehalten wird, damit es nicht die Konferenzteilnehmer berührt. Würden die Männer und Frauen der Konferenz, die auch Väter, Mütter, Brüder und Schwestern sind, die einzelnen Schicksale der Menschen, um die es geht, wirklich mitfühlen, ginge es sogar um ihre eigenen Angehörigen und Freunde, dann wäre doch die Wahrscheinlichkeit wesentlich größer, dass adäquat gehandelt würde.

Konferenzen dürften in Zukunft nicht mehr in noblen Hotels und Tagungsstätten stattfinden, sondern in den Notgebieten, in den Slums, in den Kriegsgebieten, damit die dortige Lebenssituation hautnah wahrgenommen werden kann!

Was lernt ein potentieller Terrorist, ein benachteiligter Mensch aus der Ignoranz, dem Verschleiern, Verschleppen, dem Verjahren (vertagen trifft es nicht mehr) von tatsächlichen Handlungsstrategien, was bedeutet dies für seine Lebensperspektive, für seine Gewaltbereitschaft?

Wie würde es uns gehen, wenn unser Haus brennt und eine Konferenz einberufen würde, die lange darüber lamentiert, ob man den Feuerlöscher benutzen oder besser die Feuerwehr alarmieren sollte? Vielleicht würde es ja auch mit dem Wasser gehen, das man in Eimern vom Nachbarn herübertragen könnte. Wobei geklärt werden müsste, wer für die Kosten aufkommen soll und ob es denn überhaupt wirklich so schlimm sei mit dem Feuer. Gerade mal der Eingangsbereich würde brennen und möglich wäre ja auch, dass es bald einen kräftigen Regen geben würde, der ohnehin das Feuer löschen könnte. Und wenn nicht, könnte man ja immer noch mal zusammenkommen, um einen Notfallplan zu erörtern.

In unserer Welt lodert das Feuer der Ungerechtigkeit, der Gewalt und Ausbeutung von Mensch und Erde an vielen Stellen gleichzeitig. Gelöscht wird mit einem Fingerhut voll Engagement und Geld.

Ist es denn so schwer, zu erkennen, was getan werden muss, wenn 2014 50 Millionen Menschen auf der Flucht sind, weil sie in ihrer Heimat nicht in Ruhe und Frieden arbeiten und nicht über das nötige Existenzminimum verfügen, um ihre Kinder aufziehen zu können. Wir werfen den Terroristen vor, sie würden Unrecht tun. Zu Recht! Haben wir uns nicht vorzuwerfen, dass wir uns nur halbherzig darum kümmern, die Welt gerechter zu machen? Terror ist nur möglich, weil die Zustände Terror gebären!

Und für die Zustände auf dieser Welt sind wir alle verantwortlich!

In meiner Praxis begegne ich vielen jungen Menschen, die

unter Mobbing leiden, und es gibt immer wieder verzweifelte Jungen, die aus diesen Gründen Amok laufen und Mitschüler und Lehrer töten. Es reicht nicht aus, nur die Attentäter dafür zu verantworten. Das Übel ist Mobbing und Mobbing begehen nicht die darunter Leidenden, sondern die Mitschüler und teilweise auch die Lehrer. Sie müssen Einsicht erlangen und dazu beitragen, dass auch andersartige Mitschüler nicht Opfer von Mobbing werden dürfen.

In einer Gemeinschaft, in der jeder Einzelne um seine Würde weiß, Vertrauen in die anderen Mitglieder der Gemeinschaft hat, dass mit seinen Bedürfnissen und Schwächen liebevoll umgegangen wird, dass ihm geholfen wird, wenn er in Not ist, entsteht keine Ausgrenzung, kein Mobbing, keine Gewalt, kein Amoklauf. Niemand wird zu einem Attentäter.

In einer Welt, in der jeder Einzelne um seine Würde weiß, Vertrauen in die anderen Mitglieder der Weltgemeinschaft hat, dass mit seinen Bedürfnissen und Schwächen liebevoll umgegangen wird, dass ihm geholfen wird, wenn er in Not ist, entsteht keine Ausgrenzung, keine Gewalt, kein terroristisches Attentat. Niemand wird zu einem Terroristen.

Um dem Terrorismus den Boden zu entziehen, müssen wir uns nach den Grundbedürfnissen fragen, die für uns Bedeutung haben, denn wir können davon ausgehen, dass andere Menschen in ähnlicher Weise diese Grundbedürfnisse befriedigt sehen wollen.

- Ein Aufwachsen in Würde als Kinder mit Eltern, die nicht auf der Flucht vor marodierenden Banden sind oder unter den täglichen Kriegsgefahren leiden.

- Mütter, die sich um das Wohl ihrer Kinder kümmern und ihren Jungen wie Mädchen Bildung ermöglichen können.
- Väter, die ohne Angst vor der Zukunft ihre Arbeit tun können und dafür ausreichend entlohnt werden, um ihre Familie ernähren zu können.
- Geachtet werden, unabhängig von meiner Herkunft, Hautfarbe und Religiosität.
- Teilhabe an ausreichend sauberem Wasser, gesunder Luft und medizinischer Versorgung.
- Ausreichend gesunde Nahrung, die nicht aus den Müllbergen der Wohlstandsgesellschaft gesucht werden muss.
- Eine Wohnstätte, die trocken und warm ist, sei es eine Jurte, ein Iglu, ein Zelt, eine Wohnung oder ein Haus.
- Ohne Angst an die Zukunft denken können.
- Möglichkeit der freien Ausübung der eigenen Religion.
- Respektierung der persönlichen geschlechtlichen Orientierung.
- An einem friedlichen Platz in Stille versinken können, um sich selbst zu erkennen.
- Mich entsprechend meinen Anlagen und Fähigkeiten entwickeln dürfen.

Wir Menschen, gerade auch die gut informierten Politiker und Regierungen dieser Welt, wissen, auf welchem Boden der Terrorismus gut gedeiht. Sie kennen auch die Prozesse in den einzelnen Ländern, in denen gewaltige Spannungen herrschen, die sich eines Tages entladen und zu gewalttätigen Auseinandersetzungen unter den Beteiligten führen, so wie es derzeit in Syrien, dem Irak, der Ukraine und in Palästina geschieht. Und diese Regierungen sagen dann, wir hätten eher und vor allen Dingen in einer effektiveren Weise tätig werden sollen. Wir hätten dort die Menschen unterstützen sollen, die sich für demokratische gewaltfreie Veränderungen einsetzen. Der türkische Ministerpräsident Erdogan bevormundet sein Volk aus Angst vor der Aufdeckung von Amtsmissbrauch, Korruptionsvorwürfen und Machtverlust. Er zensiert die Presse und schränkt den Zugang zum Internet ein. Welche Eskalation steht uns dort bevor? Zu spät und wieder mal zu spät reagiert die Weltgemeinschaft konsequent, weil keine wirkliche Bereitschaft für eine tiefgreifende Konfliktlösung da ist und weil so getan wird, als sei kein Geld vorhanden, um die Ungerechtigkeiten auf dieser Welt aufzulösen. Und dann, wenn es zu spät ist und die Situation in einer Weise eskaliert, die die eigene Wirtschaft beeinträchtigt und damit den erreichten Wohlstand gefährdet, wird Stellung bezogen, gedroht, sanktioniert und militarisiert. Und das Geld, das vorher nicht da war, kann in Milliardenhöhe zur Verfügung gestellt werden, um aufzurüsten und Kriege zu führen. Die Welt ist absolut vernetzt, nicht nur über das Internet, sondern in jeder denkbaren Beziehung sind wir Menschen miteinander verbunden. Unsere Globalisierung ist unsere gemeinsame Realität und deshalb darf es keine Entscheidungen, kein Handeln mehr geben, das nur auf egoistischer Vorteilnahme beruht. Das Kapital hat dem Menschen untergeordnet zu sein. Es darf keine Spekulation auf Gewinne mit Nahrungsmitteln geben, die zur künstlichen Verknappung derselben und damit zum Hungertod von Tausenden von Menschen führen. Wir benötigen eine Checkliste zur Überprüfbarkeit von Mitgefühl, Achtung, Ressourcenschonung, Mindeststandards der Lebensführung und individueller freiheitlicher Selbstbestimmung.

Unsere Aufgabe, die Welt für alle Menschen lebenswert zu gestalten, ist ein zukünftiges Gemeinschaftswerk aller Menschen, die Engagement, Zeit, Ideen und Geld investieren wollen, um daran mitzuarbeiten.

Es gibt eine große Zahl von Initiativen, Organisationen, Vereinen, die eine erfolgreiche Arbeit leisten hinsichtlich zwischenmenschlicher Verständigung, Deeskalation von Konflikten, Bewahrung der Schöpfung, Unterstützung von Minderheiten und vieler Dinge mehr.

Der Ruf nach militärischem Einsatz ist nach dem Vormarsch des IS allgegenwärtig und fast überall zu hören. Haben sie in den letzten Jahren während des Afghanistan- oder Irakkrieges etwas über alternative soziale Verteidigung gehört? Gab es darüber eine öffentliche Debatte? Wird in Konzepte und Institutionen, die sich dafür einsetzen wie der Bund für Soziale Verteidigung, ähnlich viel Geld von der Bundesregierung investiert wie in die Bundeswehr? Die Frage beantwortet sich wohl von selbst.

Soziale Verteidigung ist aber ein ernst zu nehmendes Konzept für einen gewaltfreien Widerstand, der eine Gesellschaft wirksam gegen einen militärischen Überfall von außen, aber auch gegen einen gewaltsamen Staatsstreich von innen schützen soll.

»Soziale Verteidigung wird vom BSV verstanden als die Verteidigung der Institutionen und Werte der Zivilgesellschaft mit gewaltfreien Mitteln. Verteidigung bedeutet hier die Bewahrung des Lebens und der Möglichkeiten zur sozialen Veränderung und den Widerstand gegen Unterdrückung und Ausbeutung, Militärgewalt und Menschenrechtsverletzungen hier und anderswo. Ziel derjenigen, die Soziale Verteidigung in diesem Sinne als neue Methode zur Regelung selbst ‚großräumiger' Konflikte befürworten, ist ein Zusammenleben der Völker und Nationen in sozialer Gerechtigkeit und gegenseitigem Respekt.«

Das Konzept der sozialen Verteidigung geht davon aus, dass letztlich die Kooperationsbereitschaft der Bevölkerung des angegriffenen Landes darüber entscheidet, ob ein (militärischer) Angreifer sein Ziel erreicht oder nicht. Es wird nicht das Territorium an den Landesgrenzen verteidigt, sondern die Selbstbestimmung einer Gesellschaft durch die Verweigerung der Kooperation.

Soziale Verteidigung beruht auf den Prinzipien und Methoden von Gewaltfreiheit und der gewaltfreien Aktion. Gewaltfreiheit als aktives und kreatives Handeln wird als ein »Dritter Weg« (Martin Luther King) zwischen der Hinnahme von Unrecht und der Anwendung von Gewalt angesehen. Somit folgen die Vertreterinnen und Vertreter von sozialer Verteidigung nicht der gängigen Annahme, dass gegen Gewalt nur Gewalt hilft und dass die Alternative nur ein hilfloses Zuschauen sein muss.

»Soziale Verteidigung ist immer auch ein Konzept zur Entmilitarisierung gewesen, weil es die Verteidigung in die Hände und in die Kompetenz von Zivilistinnen und Zivilisten gelegt hat. Eine Gesellschaft, die soziale Verteidigung praktizierte, würde keinen Krieg mehr beginnen. Damit hätte sie ein wenig dazu beigetragen, Krieg zu überwinden. Und dies nicht durch

Verträge und Abkommen oder durch eine neue Weltregierung, sondern durch einseitiges, gewaltfreies Handeln.« (Bund für Soziale Verteidigung)

An die Stelle von immer wieder neuen Ausbildungslagern für Soldaten müssten mit viel finanzieller Unterstützung Ausbildungscamps geschaffen werden, die Menschen gerade in politisch labilen Ländern unterstützen, zivile Verteidigung zu erlernen.

Für mich war es neu, in der Auseinandersetzung mit dem Thema Krieg vom zivilen Peacekeeping zu hören. Es gehört zum Konzept des Bundes für Soziale Verteidigung (BSV) und basiert auf der aktiven Präsenz von Zivilistinnen und Zivilisten in einem Konfliktgebiet. Maßnahmen, die direkt der Gewaltprävention dienen, werden kreiert, um die Konfliktparteien zusammenzubringen und Kapazitäten lokaler Gemeinschaften aufzubauen, damit einer Eskalation der zu erwartenden Gewalt widerstanden werden kann. Es beweist einen absolut mutigen Einsatz, der uns aus dem Kreislauf, dass Gewalt die einzige Möglichkeit zum Schutz von Menschen ist, herausführt. Die internationalen Peacekeeperinnen und Peacekeeper erfahren besonderen Respekt, weil die Länder oder Organisationen, die sie repräsentieren, diesen Respekt genießen. Die Tatsache, dass sie selbst geschützt sind, überträgt sich dann auf diejenigen Individuen, Gruppen und Gemeinschaften, die sie begleiten. Die Vereinten Nationen und die Europäische Union haben bereits unbewaffnete Missionen entsandt und unterstützen auch die Arbeit von Nonviolent Peaceforce.

Das Forum Ziviler Friedensdienst (forum ZFD) unterstützt die Forderung nach einem stärkeren zivilen Engagement und lehnt wie eine Mehrzahl von Deutschen, wie Umfragen ergeben haben, Waffenlieferungen in Krisengebiete ebenso ab, weil jetzt schon deutsche Waffen in Syrien und im Irak im Einsatz sind und die Konflikte verstärken. Der Verbleib von gelieferten Waffen kann in keiner Weise kontrolliert werden kann, sodass auch in unabsehbaren künftigen Konflikten Menschen damit getötet werden. Alternativ fordert das Forum ZFD »... eine nochmalige Aufstockung der humanitären Hilfe und diplomatischer Einsatz gegenüber der Türkei für ungehinderten Zugang zu Flüchtlingen im Nord-Irak und Syrien. Zudem sind diplomatische Initiativen zum Stopp der Unterstützung des IS durch die Türkei, Saudi Arabien und Katar, allesamt Empfänger deutscher Waffenexporte, dringend notwendig.« (forum ZFD zu deutschen Waffenlieferungen in den Irak, Köln, 22. 08. 2014)

Nebenbei sei bemerkt, dass 2014 die Wanderausstellung »WoW – Wirksam ohne Waffen« in Deutschland startete. Sie wurde initiiert vom Friedensmuseum Nürnberg und vom Bund für Soziale Verteidigung (Minden). Beispielhaft werden gewaltfreie Intervention von Gandhi ausgehend gezeigt. In diesen Zusammenschlüssen engagieren sich Menschen, die an einer friedlichen Versöhnung aller Menschen interessiert sind und das ihre tun, um die Ungerechtigkeiten auf dieser Welt aufzulösen. Dazu gehören in vielen Ländern der Erde Gruppen wie Shanti Sena, Peace Brigades International, Ecumenical Accompaniment Programme in Palestine and Israel, Bantay Ceasefire (aus Mindanao auf den Philippinen), Witness for Peace (USA/

Nicaragua), Balkan Peace Team, Kosovo Verification Mission der OSZE, Nonviolent Peaceforce und Ziviler Friedensdienst.

Was jeder von uns an der Stelle in seinem Leben tun kann, ist, mit dem nötigen Respekt und einer großen Achtsamkeit die Menschen in Fühlung bringen mit dem, was es bedeutet, an »alten überholten« Werten festzuhalten. Leben wir Männer und Frauen anderen Völkern vor, wie sich Gleichheit, Freiheit, Achtung und ein würde- und liebevolles Miteinander entwickeln können, ohne dies als Bedrohung und Machtverlust erleben zu müssen. Wir können dabei auf den Berliner Mauerfall und 25 Jahre Wiedervereinigung zurückblicken.

Vermitteln wir z. B. den Männern in den noch bestehenden patriarchalischen Gesellschaften, dass weibliche Energie mit all ihren schöpferischen Kräften eine Bereicherung für die männliche Welt und keine Bedrohung ist, vor der jemand Angst haben muss.

Der Mensch, hier insbesondere der Mann, muss spüren, welches Konfliktpotential im zwischenmenschlichen und gesellschaftlichen Kontext mit der Unterdrückung und der Gewalt gegenüber Frauen einhergeht.

Aber seien wir nicht borniert, denn wir stecken selbst noch in einem Prozess der ungleichen Behandlung von Frauen, wenn ich nur an die Bezahlung für gleiche Arbeit denke.

Ein weiteres Vorgehen ist die Anerkennung und Unterstützung von liberalen Kräften in diesen Ländern, die keine kriegerische, sondern eine friedliche Lösung anstreben, damit diese ihre Kräfte bündeln können und sich moralisch, rechtlich und finanziell gestärkt fühlen in der Auseinandersetzung mit den konservativen Kräften.

Ein konkretes friedliches Projekt zur Stärkung der Frauen in Afghanistan wurde mir vor wenigen Monaten in meinem Heimatdorf bekannt. Es handelte sich um ein Projekt, Frauen in afghanischen Dörfern eine Kuh zu kaufen, damit sie auf Dauer unabhängiger von den Männern ihre Familie versorgen konnten. Das Projekt wurde, wie viele andere Projekte in Tschetschenien und Afrika, die u.a. auch einen ökologischen Umbau und einen Natur- und Umweltschutz vorantreiben, von der Friedensinitiative Nottuln unterstützt.

Frieden auf unserer Erde lässt sich auch in Zukunft nicht ohne den Frieden, den Wohlstand und das glückliche menschliche Miteinander aller Völker realisieren!

So ist auch der gegenwärtige Vorstoß von dem US-amerikanischen Präsidenten Obama als ein Meilenstein zur Völkerverständigung zu begrüßen, wenn er mit dem kubanischen Volk und dessen politischen Vertretung, dem Castro, einen neuen Weg der Verständigung einschlägt, anstatt den Kalten Krieg seit 1961 fortzusetzen. Wenn Eltern mit ihren Kindern Probleme haben, wenn Ehepartner untereinander in Schwierigkeiten stecken, wenn Teams keinen Weg aus ihren Krisen finden, dann beginne ich als Psychotherapeut oder Supervisor den Dialog der Beteiligten zu fördern und zu befruchten, damit ein gegenseitiges Verstehen möglich wird, auf deren Hintergrund eine Verständigung erwächst, die ein neues Miteinander schafft auf den Grundlagen von Achtung und Würde jedes Einzelnen.

Kein Mensch, bis auf Politiker, die keine konstruktiven

Konfliktlösungsmuster gelernt haben und ihre eigenen neurotischen, Machtinteressen ausleben, würde den Betroffenen raten, eine Phase des Kalten Krieges einzuläuten oder sich gar mit Waffen hochzurüsten, um dann mit Drohgebärden den anderen einzuschüchtern. Das Dramatische auf der Weltbühne ist, dass nicht wie bei einem Ehepaar nur zwei betroffen sind und wenn diese auseinandergehen sollten, der Schaden überschaubar bleibt, falls keine Kinder von der Trennung betroffen sind. Verantwortungslose Politiker reißen über einen Krieg Hunderttausende von Menschen mit in den Strudel von Leid, Verzweiflung, Terror, Vernichtung und Tod.

Politiker müssen neben ihren Fachkenntnissen in nachhaltigem Wirtschaften, erneuerbaren Energien, umweltfreundlicher Ökologie, gleichwertig ihre Fähigkeiten in gewaltfreier Konfliktlösung im interpersonellem und zwischenstaatlichen Bereich nachweisen, sonst sind sie nicht in Lage, eine Nation, ein Volk durch die schwierigen Zeiten der Klimaveränderung, der Ressourcenverknappung, der Religionskonflikte und des Terrorismus in diesem neuen Jahrtausend zu führen!

Schauen wir aber noch einmal auf uns selbst, auf die Mehrheit der Menschen, die keine Politiker sind und keine Völker führen. Was können wir noch konkret tun, um einen Beitrag zum Wohle aller Menschen zu leisten?

Aus diesem Verständnis heraus können wir alles zu einer »heiligen Handlung« werden lassen. Gibt es »heilige Handlungen« in Ihrem Leben? Was tun Sie mit der ganzen Intensität Ihres Seins? Wo sind Sie zu 100 % innerlich beteiligt? In welches Tun geben Sie Ihr Herzblut hinein?

Vielleicht ist es ein Instrument spielen, Ihr Auto waschen, Ihrem Kind ein Gutenachtlied vorsingen, Ihre Briefmarkensammlung ordnen, ein besonderes Gericht zubereiten, sich selbst befriedigen, eine Pfeife stopfen, Play Station spielen, eine Holzfigur schnitzen, Yoga praktizieren, in einem Chor singen, Ihre Partnerin oder Ihren Partner lieben, Rosen züchten oder … Ich kenne Sie nicht, aber Sie werden etwas haben, was aus Ihrem anderen alltäglichen Tun herausragt, etwas, dem Sie einen besonderen Wert beimessen.

Was ist das Besondere an Ihrem Tun? Wie sind Sie, wenn Sie gerade dies tun, im Gegensatz zu den anderen Dingen, die Sie tun?

Vielleicht liegt es daran, dass Sie in einer besonderen Weise achtsam und konzentriert sind auf Ihr Tun. Sie lassen sich nicht ablenken, machen in diesem Fall nicht mehrere Dinge auf einmal. Ihr Tun mag dadurch geprägt sein, dass Sie ganz versammelt sind, dass eine Atmosphäre entsteht, die frei ist von Nachlässigkeit. In Ihrer Art und Weise zu handeln ist Ihr Bewusstsein jetzt ganz dabei, Sie sind innerlich anwesend, völlig präsent in diesem Moment Ihres Lebens. Es ist ein Hinaustreten aus der Mühle des Alltags und ein Sich-ganz-Hineingeben in das gegenwärtige Tun, mit Körper, Geist und Seele. Sie verschenken sich hingebungsvoll an Ihr Tun und vielleicht werden Sie ganz eins mit Ihrem Gegenüber, mit den Dingen, die Sie handhaben bzw. verwenden. Die sonst bestehende Trennung hebt sich damit auf und dabei kann sich die Qualität von Zeit und Raum ändern, weil Sie in beidem aufgehen und Ihre sonstige Distanziertheit zum Sein sich auflöst. Ihr Leben ist in diesem

Moment wie eine Meditation, ein ganz tiefes Hineingehen, in das, was ist, und Ihre Handlung wird »heilig«, weil sie durchdrungen ist von der Göttlichkeit des Seins.

Und hier ereignet sich das Entscheidende, was mir im Zusammenhang mit unserer Erkenntnis und der Erkenntnis der Terroristen von besonderer Bedeutung ist. Unser Sein wird von »Liebender Güte« zu allem und jedem durchströmt und damit sind wir auf dem Weg, hier und jetzt Frieden zu praktizieren.

Und damit ist nicht gemeint, alle Ungerechtigkeiten in dieser Welt zu akzeptieren, sondern es ist ein revolutionäres Handeln im Einklang mit und ausgerichtet auf das göttliche Sein, dessen Ursprung Harmonie und Liebe sind.

Vielleicht kommen Ihnen meine Ausführungen zum »Heiligen« unserer Handlungen weit hergeholt vor oder einfach nicht umsetzbar. Dies liegt m.E. daran, dass wir keine wirklichen Erfahrungen damit haben, wir sind es nicht gewohnt, es ist uns fremd, uns auf diesen Weg des vertieften Erlebens von alltäglichem Tun zu begeben. Ein Wort von Seneca, einem römischen Philosophen, passt dazu gut: »Nicht weil es schwer ist, wagen wir es nicht, sondern weil wir es nicht wagen, ist es schwer.« Vertiefen können Sie meine Ausführungen in dem Buch von mir »Die zwölf Hindernisse auf dem Weg in eine beglückende Gegenwart«, Prinzipal Verlag.

Unsere Handlungen zu »heiligen« gehört nicht in unseren Alltag. Menschen, die uns im Allgemeinen umgeben, lehren uns nicht, unser Tun zu »heiligen«, vielmehr werden wir gedrängt, immer mehr immer schneller zu erledigen und möglichst noch mehrere Dinge gleichzeitig zu tun. Wir müssten schon in ein Kloster gehen oder an einem anderen Ort Meditation erfahren wollen, um unsere Handlungen aus der Bedeutungslosigkeit des Alltags in die Sphäre zu heben, die ihnen gebührt. In allem, in der Blume, im Stein, im Baum, im Tier und im Menschen begegnen wir Gott und es gibt keine Handlung, die vom Göttlichen getrennt ist. Was es aber gibt, ist ein Handeln, das sich gegen das Göttliche richtet, indem es die Blume, den Stein, den Baum, das Tier und den Menschen durch Gewalt leiden lässt oder gar tötet.

Begeben wir uns auf den Weg, unsere Handlungen zu »heiligen«, auch wenn es nicht leicht ist, da wir Achtsamkeit und Durchhaltevermögen benötigen, aber dann wird sich uns die Schönheit des Lebens offenbaren, wir werden reicher und erfüllter leben. Unabhängig von unserer Tätigkeit und unseren Lebensbezügen werden wir aus einem vertieften Verstehen und innerem Frieden heraus dazu beitragen, dass wir den Mitmenschen, und damit beziehe ich ausdrücklich Andersgläubige, Fremde und Flüchtlinge mit ein, mitfühlend und respektvoll begegnen. Und unsere Art und Weise zu sein, wird durch eine andere Grundhaltung geprägt werden, die auf ein friedvolles menschliches Miteinander ausgerichtet ist, unter Wahrung der Ressourcen auf unserer Erde.

Der Samen des Mitgefühls

Ein Terrorist, ein Mensch, der sich dazu entschlossen hat, mit aller Brutalität seine Interessen auf dieser Erde durchzusetzen, weist uns auf das fehlende Mitgefühl in unserer Welt hin.

Kein Kind kommt auf diese Welt und ist schon von Natur aus böse oder voller Mitgefühl für alle Wesen.

Dies trifft auf Hitler und Assad ebenso zu wie auf Mahatma Gandhi und den Dalai Lama. In allen Menschen ist die Vielzahl von Gefühlen, Empfindungen und Handlungsansätzen vorhanden, zu denen ein Mensch fähig ist. Aus soziologischer Sicht reift ein Mensch in dem Kontext, in den er hineingeboren worden ist. Produktionsbedingungen, Kultur, Bildung, Religiosität und autoritäre oder demokratische Staatsformen wirken sich auf seine geistige, körperliche und seelische Entwicklung aus. Die sich daraus ergebenden Formen der Erziehung werden aus tiefenpsychologischer Sicht neben den Kindergärten, Schulen, Betrieben und Vereinen überwiegend in der Familie gelebt, die mit ihren Kommunikations- und Interaktionsformen primär prägend für die kindliche Persönlichkeitsentwicklung ist. Beeinflusst wurden und werden die pädagogischen Erziehungsstile von den gesellschaftlichen Institutionen wie den Universitäten, die mit ihrer Forschung und Lehre Tendenzen präferieren. Die Schwarze Pädagogik ließ keine Kinderbedürfnisse gelten und verlangte von den Eltern hartes Durchgreifen mit drakonischen Strafen und ohne Mitgefühl. Die antiautoritäre Erziehungsrichtung beschwor die absolute Freiheit der Kinder, die den Eltern später auf der Nase herumtanzten. Die Ausrichtung der pädagogischen Axiome ist immer in Abhängigkeit mit den ökonomischen Verhältnissen zu sehen. Wenn früher die Mütter für die Erziehung ihrer Kinder und zur Regeneration der Arbeitskraft des Mannes zu Hause bleiben sollten, so ist es heute wichtig, Kinder schon im Kleinkindalter von einigen Monaten in eine Kita zu geben, ungeachtet der Tatsache, dass die Bindung zu den Eltern oder einer dauerhaften Bezugsperson in den ersten drei Jahren eine absolut wichtige Bedeutung hat. Wir, d.h. die Wirtschaft, benötigen aber insbesondere Arbeitskräfte auf dem schwindenden Markt der Fachkräfte und da kann das Heer der nicht arbeitenden Mütter nicht ungenutzt bleiben. Auch hier zeigt sich wieder einmal die Abhängigkeit von den ökonomischen Bedingungen.

Behalten wir dies im Hinterkopf, wenn wir die Aspekte betrachten, die den Samen der Gewalt und des Mitgefühls in der Familie als ausführende Instanz fördern. Gegenseitiger Respekt ist eine Voraussetzung für ein wertschätzendes Miteinander. Dies habe ich ausführlich in meinem Buch »Von der Respektlosigkeit über Terrorismus zu Liebe und Frieden« beschrieben.

Ab der Geburt erlebt ein Kind, ob es in seinen Bedürfnissen und Empfindungen ernst genommen oder missachtet wird. Nicht wie manche Menschen meinen, erst wenn ein Kind größer ist und unterscheiden kann, was gut und schlecht ist, würde die Behandlung eines Kindes von Bedeutung sein. Nein, von Geburt an nimmt ein Kind unbewusst alle Erfahrungen tief in sich auf und dies prägt sein Bild von sich selbst, sein Selbstbild. Dieses Selbstbild wird im Laufe der weiteren Entwicklung in seiner Ausprägung gefestigt oder erfährt eine Erweiterung. Verspürt ein ganz kleines Kind ein Unwohlsein in irgendeiner

Weise, dann äußert es sich in der Regel mit Weinen, weil es der Sprache noch nicht mächtig ist. Liebevolle Eltern nehmen dieses Weinen ernst und versuchen herauszufinden, woran das Kind im Moment leidet, und stellen die Ursache ab. Sie geben dem Kind Zärtlichkeit, zu essen oder Wechseln die Windeln. In diesem Bemühen erlebt das Kind ein Ernstgenommenwerden und Mitgefühl, das die Eltern ihm entgegenbringen. Es erlebt, dass es richtig ist, so wie es ist, und dass es gut ist, seine Bedürfnisse und sein Unwohlsein mitzuteilen. Dem Kind wird gespiegelt, dass es einen Wert an sich hat, ohne etwas dafür tun zu müssen. Es bildet sich der Selbstwert innerhalb des Selbstbildes und der Samen des Mitgefühls wird genährt. Geht diese Entwicklung in diesem positiven Sinne weiter und es geschieht kein gravierender Bruch, wächst ein junger Mensch heran, der sich seines Selbstwertes bewusst ist und der Mitgefühl mit sich selbst und anderen Menschen gelernt hat.

Anders ist es, wenn die liebevolle Fürsorge ausbleibt, mit fehlender Achtsamkeit, einem Genervtsein und mit Gleichgültigkeit auf das Kind reagiert wird. In diesem Fall wird dem kleinen Kind schon früh signalisiert: »Du störst, es ist nicht wichtig, was mit dir ist, und du bist es nicht wert, dass ich mich um dich kümmere.« Ein Selbstbild entwickelt sich wie bei dem Kind mit den liebevollen Erfahrungen, es ist nur ein negatives Selbstbild, geprägt von fehlendem Selbstwert und mangelndem Mitgefühl. Der Mensch sucht auf eine unbewusste Art und Weise, das Bild seiner selbst zu bestätigen, d. h. bildlich gesprochen, in den Korb mit den positiven Selbstwerterfahrungen kommen weitere positive hinzu, da der Mensch diese intensiver wahrnimmt und entsprechend konnotiert. Negative Erfahrungen können im Normalfall den Selbstwert nicht mehr erschüttern und so ist der Korb immer gut gefüllt. Der Mensch, dessen Selbstwert verletzt wurde und dessen Selbstbild sich negativ entwickelt hat, der achtet im Leben auf weitere verletzende Erfahrungen und sammelt diese in seinem Korb, in dem schon die negativen Ursprungserfahrungen liegen. Ich möchte noch ein kleines deutliches Beispiel geben, weil dies ein wichtiger Aspekt für die Gewalt oder den Frieden und das Mitgefühl in unserer Welt ist.

Nehmen wir eine erwachsene Frau, die in ihrer Kindheit viele Kränkungen und Demütigungen von Seiten des Vaters erlebt hat. Diese Frau wird später in ihrer Ehe aufrichtig von einem Mann geliebt. Für die Frau wird es äußert schwer sein, diese Liebe voll und ganz in sich aufzunehmen, da das kleine Kind in ihr immer sagen wird: »Das kann nicht sein, dass dieser Mann dich wirklich liebt, dein Vater hat dich auch nicht richtig lieb gehabt. Ich bin nicht liebenswert, nicht einmal ich liebe mich wirklich!« Bei allem Bemühen des Mannes wird diese Frau die Liebe erst annehmen können, wenn sie sich selbst liebt und verstanden hat, dass die fehlende Vaterliebe mit dem Unvermögen des Vaters aufgrund seiner Lebensgeschichte zu tun hat und nicht mit ihrem eigenen Wert. Und glauben Sie mir, dies ist ein schwerer Weg, weil die Frau in diesem Beispiel schon als Kind die negativen Selbstwertbotschaften des Vaters tief in ihre Seele aufgenommen hat und diese dann, ohne es vielleicht bewusst bemerkt zu haben, immer wieder selbst bestätigte.

Je mehr ein Mensch in Frieden mit sich selbst ist, aufgrund

seines positiven Selbstbildes, desto wohlwollender blickt er auf die Menschen um sich herum und bringt ihnen liebevolle Gefühle entgegen. Der Frieden in der Welt beginnt mit dem Frieden in uns selbst! Ist ein Mensch allerdings in Unfrieden mit sich selbst, so wird er anderen Menschen Misstrauen, Neid und Hass entgegenbringen.

Gehen wir noch einmal zurück zu der gerade genannten Frau, wobei dies natürlich auch ein Mann sein könnte mit ähnlichen Erfahrungen. Die Frau wird ambivalente Gefühle in ihrem Herzen tragen. Auf der einen Seite liebt sie ihren Mann, weil er so ist, wie er ist, darum hatte sie sich auch in ihn verliebt und auf der anderen Seite bringt sie ihm Misstrauen entgegen, weil sie ihm nicht wirklich glauben kann, dass er sie liebt. Sie neidet ihm seine Selbstsicherheit und sein Selbstbewusstsein und wird ihn letztlich dafür hassen, dass er dies alles hat, wonach sie sich schon ewig sehnt. Viele Ehen zerbrechen daran, wenn sie sich der Dynamik nicht bewusst werden und sie diese nicht auflösen. Eigentlich können beide nichts dafür, dass alles so gekommen ist. Es ist ihnen sozusagen grundlegend in die Wiege gelegt worden. In ihre eigene Verantwortung gehört aber der Umgang mit dem Problem, das sie haben. Sie können daran arbeiten, aus diesem traurigen Kreislauf herauszukommen.

Ich habe in diesem Beispiel von Kränkungen und Demütigungen gesprochen und meinte damit verbale Kränkungen und Demütigungen. Stellen wir uns vor, dass ein Kind noch viel extremeren seelischen und körperlichen Verletzungen ausgesetzt ist, Strafen durch Schläge mit Gegenständen, Eingesperrtsein in dunklen Räumen, Entzug von Nahrung (»Zur Strafe bekommst du heute nichts mehr zu essen!«), nächtliches Alleingelassensein in beängstigenden Situationen, Liebesentzug und vielleicht noch sexueller Missbrauch durch nahestehende Personen. Kinder, die in Kriegsgebieten aufgewachsen sind, sind an alltäglichen Terror gewöhnt, manche von ihnen sind als Kindersoldaten der Willkür von Männern ausgesetzt und erleben die schrecklichsten Dinge, die nicht einmal Erwachsene unbeschadet verkraften können. Und es gibt Kriegsgebiete und Länder, in denen Unterdrückung, Ausbeutung und Vergewaltigung schon Jahrzehnte an der Tagesordnung sind, ohne dass ein Ende in Sicht ist.

Halten Sie inne und lesen Sie nicht so schnell darüber hinweg.

Es ist wichtig, dass wir uns das unsägliche Leid von Menschen vor Augen führen, um Mitgefühl zu entwickeln und zu erkennen, dass uns für Frieden und ein fürsorgliches Miteinander noch ein langer Weg bevorsteht.

Die Entwicklung von Mitgefühl ist nicht nur eine Herzensangelegenheit gegenüber anderen Menschen, wir benötigen Mitgefühl für uns selbst. Wenn Sie sich hinsetzen und sich öffnen für Ihre eigenen Lebenserfahrungen, die für Sie schmerzhaft waren, dann wird Ihr Erinnerungsvermögen Sie an Stellen führen, die auch heute noch nicht ganz abgeschlossen sind und Ihnen Herzschmerz bereiten. Das »innere Kind«, um es einmal so zu nennen, wird in dem Moment, wo Sie sich wirklich für das früher Erlebte interessieren und sich ihm mit offenen Ohren zuwenden, ohne Selbstvorwürfe reagieren, sich zu öffnen beginnen, langsam Vertrauen fassen und zu erzählen beginnen.

Wir und andere Menschen sind es häufig nicht gewöhnt, dass uns jemand in einer völlig annehmenden und mitfühlenden Weise zuhört. Deshalb wird jeder in irgendeiner Art misstrauisch und vorsichtig sein mit dem, was er sagt, da er ja genügend Unverständnis und Ablehnung erfahren hat. Und das Schwierige ist nicht nur das, sondern es gibt aufgrund unserer frühkindlichen Erfahrungen eine unbewusste Erwartungshaltung in uns, die davon ausgeht, dass der Mensch, der sich uns jetzt liebevoll zuwendet, letztlich genauso negativ reagieren wird wie unsere Mutter bzw. unser Vater oder andere bedeutende Bezugspersonen. In der Psychotherapie nennt man das ein Übertragungsphänomen, dem man sich nicht entziehen kann. Es ist aber möglich, sich dessen bewusst zu werden, und damit können wir es kommunizieren und leichter damit umgehen. Unser inneres Kind wird auch uns gegenüber eine gewisse Vorsicht an den Tag legen, wenn es beginnt sein Herz auszuschütten.

Wir fördern in uns den Engel bzw. den Bodhisattwa des Mitgefühls. In der christlichen Tradition eignet sich die Vorstellung eines Engels als eine innere Wesenheit dazu, in der buddhistischen Tradition wäre es Avalokiteshvara, der Bodhisattwa mit seinen tausend Armen, der sich voller Mitgefühl um alle Wesen auf dieser Erde kümmert.

Mitgefühl ist nicht das Gleiche wie Mitleid. Mitgefühl heißt, wir können mitfühlen, wie es einer anderen Person oder uns selbst geht. Davon können wir berührt sein, vielleicht auch weinen, weil es wirklich sehr traurig ist, was wir hören. Dabei bleiben wir wir selbst, zerfließen nicht mit dem anderen, da wir gleichzeitig in einer gewissen Weise abgegrenzt bleiben vom Leid des anderen. Es ist weiterhin sein persönliches Leid, das er durchleiden muss, und nicht unser Leid, obwohl wir mit ihm fühlen. Diese innere Abgrenzung ist notwendig, damit wir handlungsfähig bleiben, denn nur allzu oft sind Menschen, die grenzenloses Leid erlebt haben, auf die eine oder andere Weise auch eingeschränkt, ihr Leben so zu leben, wie sie es sich eigentlich wünschen.

Der Satz »Oh, das tut mir wirklich schrecklich leid!« ist ein Satz, den viele Betroffene nicht gut hören können. Aus der Zeit, in der ich mit erwachsenen Menschen gearbeitet habe, die schwerwiegende gesundheitliche Beeinträchtigungen hatten, hörte ich häufig: »Wir wollen kein Mitleid, wir wollen ernst genommen werden und nicht als Behinderte abgetan werden, die einem nur noch leidtun können.«

Mitgefühl ist also ein aktives Tun, eine Art und Weise, den anderen wahrzunehmen mit dem, was ist. Es ist den Blick von sich, seinen eigenen momentanen Interessen abwenden und sich dem anderen zuwenden.

Ihn sehen!

Viele leidende Menschen fühlen sich nicht gesehen und können sich vielleicht nicht einmal selber in ihrem Leid sehen, weil sie gelernt haben, es zu verdrängen, abzuspalten, darüber hinwegzugehen. Manche Menschen fühlen sich an den Rand der Gesellschaft gedrängt, ähnlich den amerikanischen Kriegsveteranen, die nach ihrem Einsatz in Afghanistan verstümmelt und traumatisiert nach Hause kommen und sich nicht in den normalen Alltag integrieren konnten und nun an den Seitenstreifen großer Straßen in den Vorstädten hausen, ohne genügend Unterstützung durch den Staat.

Die Unfähigkeit, Mitgefühl zu empfinden, macht es erst möglich einen anderen Menschen oder auch Tiere zu verletzen. Wir schlagen zu, verbal oder mit der Hand, sehen den anderen weinen, aber der Schmerz des anderen dringt nicht bis zu unserem eigenen Herzen. Es berührt uns nicht, wie der andere leidet.

Eröffnen Taliban aus dem Hinterhalt in Afghanistan das Feuer gegenüber einem amerikanischen oder deutschen Konvoi, dann versuchen sie einen konkreten Feind zu töten, von dem sie meinen, dass diese verschwinden und das Land verlassen sollen.

Zünden sie in einer belebten Straße von Kabul eine Autobombe, stirbt nicht der Feind, sondern, wie so häufig, unschuldige Frauen, Kinder und Männer, die zum eigenen Volk gehören. Der Terrorist opfert sie für seine Sache, die er verfolgt, ohne Mitgefühl zu entwickeln oder vorher von Mitgefühl geleitet worden zu sein. Hass und Verblendung haben den Zünder ausgelöst und Menschen, seine Mitmenschen mit in den Tod gerissen.

Papst Franziskus sagt in seiner Enzyklika »Lumen Fidei« (2013):

»Wenn das Licht fehlt, wird alles verworren, und es ist unmöglich, das Gute vom Bösen, den Weg, der zum Ziel führt, von dem zu unterscheiden, der uns richtungslos immer wieder im Kreis gehen lässt.«

Und dieser Kreis besteht immer wieder aus neuer Gewalt.

Mitgefühl hilft den Kreislauf der Gewalt aufzubrechen, es ist unzertrennbar verbunden mit »Liebender Güte.« Als Psychotherapeut begleite ich nun über 30 Jahre Kinder, Jugendliche und Erwachsene und es kommen mir täglich Lebenserfahrungen entgegen, die Mitgefühl und »Liebende Güte« vermissen lassen.

Eine Ethik der »Liebenden Güte« wendet sich gegen alle Formen der Ausgrenzung, Ausbeutung, der Vernachlässigung, der Verunglimpfung, des Mobbings, der Gewalt und letztlich auch gegen Kriege.

»Liebende Güte« erleben wir, wenn ein Kind einen aus dem Nest gefallenen kleinen Vogel oder ein kleines herrenloses Kätzchen mit nach Hause bringt und pflegt und füttert.

In unserer Welt werden Milliarden und Abermilliarden für Rüstung, Abschreckung und Kriege ausgegeben, auch wenn der Staatshaushalt dies nicht mehr hergibt. Gespart wird dann an den Ausgaben für Bildung und Sozialleistungen. Das macht unsere Welt nicht friedlicher und löst keine zwischenstaatlichen Konflikte und menschlichen Ungerechtigkeiten auf der Erde.

Wollen wir die Krisen der Welt überwinden, dann müssen wir der kapitalistischen Ausbeutungsmentalität eine Ethik der »Liebenden Güte« entgegensetzen. Darunter ist das Interesse am Wohlergehen anderer Lebewesen und insbesondere der Menschen zu verstehen. Unser Miteinander-eins-Sein führt uns Menschen als Brüder und Schwestern zusammen, als eine große Familie, die niemanden, der leidet, aus den Augen verliert!

Beobachten wir einen Menschen, der »Liebende Güte« praktiziert, dann rührt uns dies an, weil es ein selbstloses, reines Tun frei von Zweckmäßigkeit und wiedergutmachenden Erwartungen an den anderen ist. Vielleicht erinnern Sie sich an eine Erfahrung aus Ihrem Leben, wo Sie »Liebende Güte« gelebt haben oder erlebt haben, dass Ihnen jemand »Liebende Güte« entgegengebracht hat.

Nehmen Sie sich einen Moment Zeit, um dem nachzuspüren …

Was nehmen Sie wahr? Gibt es ein Lächeln in Ihrem Gesicht, einen freudigen Herzschlag? …

Ich möchte Sie anregen, sich nun eine Situation vorzustellen, in der Sie nicht gesehen wurden, sondern gekränkt oder gedemütigt worden sind.

Was erleben Sie nun, wenn Sie sich dieses Bild, diese Erfahrung vergegenwärtigen? …

Vielleicht verschwindet Ihr Lächeln von vorhin und Tränen steigen Ihnen in die Augen.

Lassen Sie es ruhig zu und schauen Sie liebevoll auf sich, nehmen Sie sich innerlich in den Arm und seien Sie mit verstehendem Herzen für sich da …

… … … … … … … …

Wenn Sie auf sich schauen, sich innerlich zuhören, auf Ihr Wohlbefinden achten, dann ist das »Liebende Güte«, weil Sie Mitgefühl mit sich haben, sich ernst nehmen und liebevoll, achtsam mit Ihren Gefühlen umgehen.

Sind wir von »Liebender Güte« beseelt, dann ist unser Handeln danach ausgerichtet, anderen Menschen oder Lebewesen Glück und Freude zu bereiten.

Und zu diesen Lebewesen gehören natürlich auch wir selbst. Auch wir haben subjektiv Leiderfahrungen in unserem Leben durchgemacht, die vielleicht noch nicht erlöst bzw. geheilt sind. Wir kommen mehr in inneren Frieden, wenn wir uns selbst »Liebende Güte« entgegenbringen. Viele Menschen bleiben ein Leben lang hart und unbarmherzig mit sich, weil sie sich ein bestimmtes Verhalten in der Vergangenheit bis auf den heutigen Tag nicht verzeihen können. Dass sie damals so gehandelt haben, ist ihrem damaligen Entwicklungsstand geschuldet. Hätte die Möglichkeit bestanden, anders, reifer, ausgewogener zu handeln, hätte dies stattgefunden, aber wir können in jedem unserer Lebensabschnitte oder jeder unserer inneren Möglichkeiten nur das tun, was wir tun können. Aus späterer, reiferer Sicht können wir anders auf uns, die damalige Situation schauen.

Bitte praktizieren Sie »Liebende Güte!«

Lassen sich heute junge Leute von fanatischen Salafisten für den Dschihad im Irak anwerben, dann blicken sie vielleicht später auf diese Zeit zurück und es fällt ihnen schwer ihre damalige Entscheidung nachzuvollziehen.

Leben wir »Liebende Güte« gegenüber Andersdenkenden. Nur »Liebende Güte« vermag einen Prozess der Reflexion, der Umkehr auslösen. In dem Bilderbuch »Warum so hart, kleiner Bär?«, das ich nach einem therapeutischen Prozess mit einem Kind geschrieben habe, wird deutlich, wie sich ein Herz gegen sich selbst und den ihn umgebenden Lebewesen verschließen kann und dass nur gelebtes Mitgefühl und »Liebende Güte« einen Weg aus dieser Härte und Verschlossenheit führen kann.

Härte macht einsam und die Brutalität, die daraus erwachsen kann, ist auch eine Härte gegenüber der eigenen inneren Not. Deshalb ist es absolut notwendig, dass wir unseren Hass reflektieren, der ruft: »Löscht die fundamentalistischen Islamisten aus. Tötet alle Dschihadisten. Nur ein toter Kämpfer des IS ist ein guter Kämpfer.«

Es ist in der Menschheitsgeschichte nicht das erste Mal, dass Menschen in ihrer Verblendung danach rufen, andere Volksgruppen, ethnische Minderheiten auszulöschen, Flüchtlinge auszulöschen. Und es entsetzt mich, wenn ich sehe, wie gewaltbereite Hooligans eine Koalition mit rechtsradikalen Gruppierungen eingehen, um die Salafisten auslöschen zu wollen. Dieser vernichtende Hass beruht auf dem Ausschalten mitfühlender Regungen und »Liebender Güte.«

Betrachten wir aber einen Salafisten und andere gewaltbereite Menschen, dann sollten sie uns leidtun, weil sie sich sehr weit wegbewegt haben von der menschlichen Fähigkeiten, zu fühlen, sich innerlich berühren zu lassen, zu lieben, Zusammenhänge zu verstehen und friedlich zu handeln.

»Liebende Güte« ereignet sich aber nicht einfach so, wir müssen sie als eine Orientierung, einen menschlichen Wert betrachten und sie erlernen. Und das bedeutet, dass unser Bildungssystem diesem Wert Bedeutung beimisst, dass es durch die Kultusminister der Länder auf den Stundenplan gesetzt wird und dass Pädagogen in ihren Ausbildungen Handlungsansätze und -kompetenz in »Liebender Güte« erfahren und erlernen. Dazu können Konzepte und Lernhilfen für »Liebende Güte« ausgearbeitet werden, die angemessen sind für den jeweiligen Entwicklungszustand der Kinder.

Beginnen muss dies natürlich schon im Kindergarten, denn dort ist ein Lernfeld, das noch ohne Stress und Druck Zeit hat sich dieser Aufgabe zu widmen. Der Weg vom Umgang mit vorgefertigtem Spielzeug muss ergänzt werden mit einer naturnahen Wald- und Erlebnispädagogik, die nicht nur einmal in der Woche für drei Stunden stattfindet und dann auch nur, wenn es nicht regnet. In der Natur, im Wald, am Wasser begegnen die Kinder den Grundlagen unseres Lebens. Dort haben sie den Rückzugspunkt zum lebendigen Sein. In der Natur krabbelt, raschelt, piepst und zwitschert es. Dort können sie »Liebende Güte« im Umgang mit der Natur, mit den Regenwürmern, Käfern, Spinnen, Molchen, Fröschen, Vögeln, Schnecken, Libellen usw. entwickeln. Manche Kinder haben eher Elefanten im Zoo gesehen als einen Frosch im Teich.

Unsere Kinder werden größer und die Gesellschaften werden immer älter und weltweit ist nach einer Studie von 2014 die Zahl junger Menschen rasant gestiegen. Diese jungen Menschen sind die Erwachsenen von morgen und müssen mit dem Zustand auf der Erde umgehen, den wir ihnen hinterlassen. Und die Erde, die wir ihnen hinterlassen, stöhnt und ächzt schon lange unter dem, was wir ihr in steigendem Maße seit der Industrialisierung zugemutet haben. Das alleine ist schon für die nachfolgenden Generationen schwer genug zu schultern, und deshalb müssen wir alle daran mitwirken, dass sie unserer zerstörerischen Lebensweise, die Ressourcenverknappung, Armut, Verelendung, Gewalt und Kriege nach sich zieht, nicht vollends in ihr eigenes Denken und Handeln aufnehmen. Ich hätte das Buch nicht schreiben müssen, wenn nicht schon vieles von dem in den Erfahrungen der jungen Menschen angekommen wäre. Aber die Zeit, die jedem von uns zur Verfügung steht, müssen wir nutzen, um die jungen Menschen anzuregen, die Grenzen, die wir zwischen uns Menschen in den Köpfen gezogen haben, einzureißen. Und von diesen vielen jungen Menschen lebt ein Großteil in benachteiligten Krisengebieten dieser Erde und wir müssen ihnen helfen, die realen Zäune und Mauern zwischen den Ländern und Staaten und zwischen Arm und Reich einzureißen und die Zäune und Mauern, die zwischen den Kulturen und Religionen bestehen. In unserer globalen Welt verbinden uns nicht nur die modernen Kommunikationsmittel, sondern auch das Leid an allen Orten der Welt wird zu unserem Leid.

Ob es Flüchtlingskatastrophen, Terrorismus, Klimaveränderungen, Krieg, Naturkatastrophen, Vulkanausbrüche oder Hungersnöte sind, sie betreffen uns als eine große Familie, weil wir verbunden, eins miteinander sind. Und aus diesem Grunde muss die Erziehung unserer Kinder nicht auf Anpassung und Abhängigmachen von modernen Unterhaltungstechnik- und Kommunikationsmitteln ausgerichtet sein, sondern sie muss anstiften zur Revolution!

Wenn terroristisches Bomben nicht sein soll, dann reichen keine leisen Töne und kein schüchternes Fragen der jungen Menschen, um Veränderungen herbeizuführen, was unsere menschliche Abgestumpftheit und unsere Ausbeutungsmentalität betrifft. Dann benötigen wir junge Menschen, die nicht aus Angst vor den Alten und ihren traditionellen Vorstellungen kuschen, sondern alles kritisch hinterfragen und auf den Prüfstein stellen und selbst ihre Zukunft mitgestalten, damit ihre ganze Generation und auch ihre Kinder und Kindeskinder eine fruchtbare Erde bewohnen können in einer friedliebenden Völkergemeinschaft. Fast sämtliche Politiker dieser Welt sind Kinder der Nachkriegsgeneration des Zweiten Weltkrieges und damit sind sie aufgewachsen unter traumatischen Bedingungen, die ihre Eltern in die Familie eingebracht haben. Nur selten wurden diese Erfahrungen offen besprochen, fast immer verdrängt und tabuisiert. Da diese Erfahrungen nicht aufgearbeitet und mit all den dazugehörigen Gefühlen nicht integriert wurden, sind sie generationsübergreifend an die Kinder, an uns weitergeben worden. Und dieses unerlöste und unbewusst gebliebene traumatische Konflikt- und Gewaltpotential verhindert einen neuen friedlichen Weg zwischen den Menschen und den Völkern. Deshalb ist es für unsere und die heranwachsende Generation unerlässlich, dass wir offen und bewusst mit diesen Themen umgehen, damit wenigstens unsere Kinder frei von seelischen Altlasten sind und ihre kommende Zukunft friedvoll gestalten können. Und weil diese alten verdrängten Themen immer noch mit Angst besetzt sind, braucht es kraftvolle Energien, die diese Angst überwinden und das anpacken.

Mein Vater kam nach der Kriegsgefangenschaft traumatisiert nach Hause. Der erste Mann meiner Mutter wurde beim Überfall auf Polen erschossen und meine Halbbrüder, zwei und vier Jahre alt, wurden dadurch als Kinder traumatisiert. Meine Schwester wurde in der Nachkriegszeit in einem alten Militärbunker unter schwierigen Bedingungen geboren. Eine ganz normale kriegstraumatisierte Familie.

Revolution der nachwachsenden Generation ist nicht neuerliche Gewalt mit dem Gewehr in der Hand, sondern ihre Seele ist »Liebende Güte«. Denn »Liebende Güte« ist revolutionär, da sie den anderen, den leidenden Menschen sieht und sich seiner annimmt und mit ihm ernsthaft daran arbeitet, Lebensbedingungen zu schaffen, die nicht mehr darauf beruhen, dass sich einige wenige durch das Leid anderer bereichern, sondern dass wir gemeinsam einen Wohlstand erreichen, der allen Menschen auf dieser Welt zugutekommt. Und dieser Wohlstand muss sich an den vorhandenen Ressourcen und an Nachhaltigkeit orientieren. Und deshalb müssen alle jungen Menschen in der Welt mit einem solchen Konzept in Berührung kommen und das kann wiederum nur geschehen, wenn die weltweiten immensen Ausgaben für Rüstung und Armeen vollständig zurückgenommen werden und dieses Geld in entsprechende Projekte fließt. Nirgendwo sind Investitionen besser angelegt als in unserer Jugend, die unterstützt wird, den ewigen Kreislauf der Gewalt zu verlassen, um eine Ethik der »Liebenden Güte« zu entwickeln.

Die Bildung unserer Kinder ist deswegen so wichtig, damit wir Werte der Friedfertigkeit, der Liebe, des Mitgefühls vermitteln können und eine Ethik der »Liebenden Güte« in die Welt bringen.

Das Festhalten von Boko Haram und den Taliban an der Bildungsfeindlichkeit gegenüber Frauen und Mädchen zeigt uns die Angst vor Veränderung. Das Loslassen von alten und überholten Denkweisen ist aber notwendig, damit etwas Neues entsteht, das jetzt unserem Bewusstsein und dem gemeinsamen Weg des Friedens entspricht. Wenn das Festhalten an traditionellen Vorstellungen bedeutet, dass Menschen in dieser Welt dafür Menschen töten, dann vergessen sie, dass das Menschenleben das höchste Gut ist und ihre Taten nicht zur Freude und Freiheit führen. Wandlung und Entwicklung ist für uns Menschen der heilsame Weg. Dies zeigt das Beispiel, dass kein Mensch von uns in seinem Embryozustand verbleiben will. Niemand würde sich im Alter von zwölf Jahren in eine eiserne Rüstung zwingen und dort verbleiben, um dadurch sein Wachstum in der Zukunft zu verhindern. Und genauso töricht wäre es, wenn wir unseren Geist und unser Bewusstsein in einem alten Entwicklungszustand halten wollten und nicht offen wären für unsere geistige Entwicklung und Veränderung. Die Natur, die Sträucher und Bäume machen uns jeden Tag vor, dass Wachstum und Reifung nur geschehen können durch Loslassen und Sich-dem-inneren-Wesen Hingeben. Und das tiefste innere Wesen ist das Göttliche, der Ursprung unseres Seins. Unser Wesen, unsere Natur, der Kosmos sind auf Entwicklung und Harmonie angelegt. Nichts bliebt, wie es ist, und alles ist eingebunden in eine kosmische Ordnung, von Sonnenaufgang bis Sonnenuntergang. Keine Blume, die mit ihrer Knolle oder ihren Wurzeln in gesunder Erde steckt und genügend Wasser und Sonne bekommt, würde ihr eigenes Wachstum verhindern wollen. Sondern sie würde sich ihrer Wesensnatur überlassen, um in ihrer Farbe, ihrem Duft erblühen zu können. Und so ist jeder Mensch auf seine individuelle Weise mit dem, was in ihm angelegt ist, der Veränderung und der Entwicklung unterworfen. Weil das so ist, müssen wir als ein Volk, als eine Familie, als eine Weltgemeinschaft miteinander mitfühlend unser gemeinsames Wachstum stärken und wohlwollend begleiten. Das bedeutet auf der einen Seite niemanden zu überfordern, der Zeit und Unterstützung benötigt, und niemanden unter Druck zu setzen, der noch nicht so weit ist.

Achten wir auf unsere individuellen Wachstumsmöglichkeiten und achten wir gleichzeitig darauf, dass wir unsere überlieferten Traditionen in so weit loslassen, als dass sie der Verwirklichung unseres Menschseins, das Menschseins aller Menschen nicht im Wege stehen. Die Teilhabe an den grundlegenden Notwendigkeiten, die wir zum Leben benötigen, ist genauso zwingend, wie die Teilhabe an Bildung höchste Priorität und Bedeutung hat. Jeder Mensch, jedes Volk hat seine Geschichte und deshalb benötigt auch jedes Volk seine Zeit für seine Entwicklung. Dabei ist es nur wichtig, dass wir die Werte des Mitgefühls, der Liebe, Toleranz und der Demut walten lassen.

Unüberbrückbare Gräben?

Ein Terrorist, ein Mensch, der Gewalt als die einzige Möglichkeit sieht, die Welt zu verändern, schafft scheinbar unüberbrückbare Gräben zwischen den Menschen.

Ein Terroranschlag fordert uns Menschen sehr heraus. Freude im Kreis der gleichgesinnten Terroristen über den gelungenen Anschlag mit seinen verheerenden Folgen und schmerzvolle Schreie bei den Opfern des Anschlages, verbunden mit blankem Entsetzen auf der Seite der Menschen, die von dieser Gräueltat erfahren haben. Der Ruf nach Vergeltung, nach der Vernichtung der Terroristen, nach Auslöschen der Nester, in denen die terroristische Brut ihre Pläne schmiedet. Ob im Irak, in Syrien, in Afghanistan, in Israel, die Reaktionen auf Terrorakte ähneln sich.

Es gibt nur Abscheu, Schmerz und Hass in den Herzen der Menschen neben dem Blut auf den Straßen und Marktplätzen. Auch ich bin voller Grauen, Schmerz und Trauer bei den Bildern, die mich weit von dem Geschehen erreichen und mir zeigen, dass durch einen Bombenanschlag unschuldige Menschen ihr Leben verloren haben. Das Leid der Betroffenen und Angehörigen zerrt an mir und ich spüre, dass es eine der schlimmsten Erfahrungen und härtesten Prüfungen ist, wenn ein Mensch, der einem nahesteht, auf eine derart schreckliche Weise zu Tode kommt. Es bleibt ein Schock, ein Nichtwahrhabenwollen, ein endloses Verzweifeltsein, ein Hadern mit Gott, wie er das nur zulassen konnte. Es ist, ohne jede Vorwarnung in das Tal der Tränen geworfen worden zu sein, aus dem es kein Entrinnen gibt. Warum war mein Mann, meine Frau, mein Kind ausgerechtet zu diesem Zeitpunkt an diesem schrecklichen Ort? Warum traf es gerade jemanden von uns? Ein Schicksalsschlag, der das Leben für alle Zeiten brutal verändert hat. Warum musste gerade ich überleben? Besser wäre, wenn ich mitgestorben wäre. Wie soll ich jemals wieder lächeln können und mich über das Leben freuen?

Fragen über Fragen und keine Antworten.

Schlaflose Nächte und nassgeweinte Kopfkissen. Und am anderen Morgen geht die Sonne wieder auf und die Vögel singen, als wäre nichts geschehen, als wäre die Welt noch in Ordnung, doch dann sickert es ins Bewusstsein, dass nichts mehr ist, wie es war, und das Klagen beginnt erneut.

Und die Welt reagiert. Terrorbekämpfung rückt auf die Tagesordnung. Allianzen werden gebildet, Beschlüsse erfolgen, Geheimdienste operieren, Drohnen heben ab, Sondereinheiten machen sich auf den Weg, gezieltes Töten mit Kollateralschäden.

Ist das die Lösung, Rache, Vergeltung? Ändert das etwas an der Situation der Hinterbliebenen, bringt es die Toten zurück, heilt es die Herzenswunden?

Manchmal hilft es den Angehörigen der Opfer, weil sie die Täter bestraft sehen. Wenigstens etwas, wenn schon niemand mehr die Toten zum Leben erwecken kann.

Ja, das ist zu verstehen, wie alles Menschliche zu verstehen ist. Wir können Menschen, die zu Opfern geworden sind, viel leichter verstehen, können ihre Gefühle nachvollziehen. Sie sind uns in gewisser Weise nah, weil wir selbst schon schwere Lebenssituationen durchgemacht haben und es doch wiederum auch sehr menschlich ist, mitzufühlen, sich mit dem Schwachen, Verletzten zu solidarisieren. Deutlich schwerer wird es für uns, wenn Hinterbliebene nicht nur ihrer Angehörigen gedenken und für sie beten, sondern auch für die Terroristen beten, ihnen ihre Tat vergeben und ihrer Angehörigen gedenken. Vielleicht regt sich in uns so etwas wie besondere Hochachtung gegenüber diesem Menschen, der trotz seines Verlustes verzeihen und vergeben kann.

Eine große Herausforderung und eine schwere Zeit kommen auf die Väter und Mütter zu, deren Kinder sich Terroristen anschließen, wie es zurzeit Eltern in Europa, in Deutschland geht. Ihr bis dahin normales, angepasstes, liebes Kind schließt sich still und heimlich den Salafisten an und beteiligt sich in Syrien oder im Irak am Kampf für den Islamischen Staat.

Sicherlich kann jeder einzelne Betroffene vorerst nur so reagieren, wie er reagieren kann. Ich will damit sagen, wir können es uns nicht aussuchen, wie wir mit einem derartig dramatischen Ereignis umgehen. Es übersteigt gewissermaßen all das uns bisher gekannte Ausmaß an Verletzung und Verzweiflung. Keiner kann sich auf Vergebung programmieren, nur weil es unser religiöses Bekenntnis fordert. Wir können uns auf den Weg dorthin begeben, aber zu Beginn steht unsere spontane Gefühlsreaktion, wie immer sie auch sein wird. Sie wird direkt aus unserem Inneren hervorbrechen, ohne vorher unseren Verstand zu fragen, ob es ihm genehm ist.

Sie als Leser dieses Buches sind aber eher in einer anderen Situation. Sie haben einen gewissen inneren Abstand zu terroristischen Anschlägen, da Sie wahrscheinlich bisher nicht direkt betroffen waren. Somit können Sie sich mit meinen Gedanken in Ruhe auseinandersetzen.

Ich möchte noch einmal vorausschicken, dass ich in keiner Weise terroristische Anschläge, in welcher Form auch immer, rechtfertige! Sie sind und bleiben für mich eine nicht zu akzeptierende Art der Konfliktlösung! Was ich möchte, ist, dass wir erkennen, dass ein Terrorist an einer Stelle in seinem Leben angekommen ist, an der er nur noch Terrorist ist und nichts anderes sein kann als eben Terrorist!

Auf seinem Weg zum Terroristen wird er an verschiedenen Stellen eine Wahl gehabt haben, sich anders zu entscheiden, falls er mit Abstand seine Entwicklung betrachten konnte. Möglich ist aber auch, dass er z. B. im Kreise der Talibankämpfer oder Dschihadisten keinen inneren Raum hatte, das terroristische Tun zu hinterfragen. Es ist vielleicht mit dem Leben eines Kindersoldaten zu vergleichen, der, nachdem er entführt und gezwungen wurde, in dieses Tun hineingewachsen ist, ohne sich dagegen erfolgreich wehren zu können. Und für den das Töten zum mechanischen Tun im Alltag geworden ist, als der einzige Inhalt seines Lebens.

Ein Terrorist handelt nicht aus einem sozialen, kulturellen und religiösen Vakuum heraus. Sein Entschluss, andere Menschen in die Luft zu sprengen, ist die Kulmination seiner biografischen Erfahrungen auf allen Gebieten des Seins und dazu trägt auch bei, wenn die westlichen Völker nicht sensibel mit den kulturell gewachsenen Lebensformen umgehen. Die Verurteilung eines Terroristen bezieht nicht den Weg mit ein, den er bis dahin gegangen ist. Natürlich ist der Hintergrund von europäischen Sympathisanten, die nach Syrien ausreisen, um dort für den IS zu kämpfen, ein anderer. Arbeitslosigkeit, keine Zukunftsaussichten, Langeweile, keine ausreichende finanzielle Absicherung, idealisierte Vorstellungen vom Krieg, ungestilltes Heldentum können Motivation sein. Diskriminierungen und Frustrationserfahrungen in der Schule, in der Familie, im sozialen Umfeld, in Zusammenhang mit Armut und Aussichtslosigkeit begünstigen ein Abgleiten von Jugendlichen und jungen Erwachsenen in terroristische Netzwerke, wie im Kapitel »Arm und Reich« erwähnt.

Betrachten Sie bitte Ihren Weg bis zu dem heutigen Tag!

Was hat Sie zu dem gemacht, was Sie heute sind? Ihr Fleiß, Ihre Gesetzestreue, Ihre Selbstbeherrschtheit, Ihre Reflexionsfähigkeit, Ihr Glaube? Aber gehörten nicht auch äußere Rahmenbedingungen dazu?

Wahrscheinlich sind Sie wie ich mit dem Privileg aufgewachsen, nicht in einem Kriegsgebiet geboren worden zu sein. Ebenso werden Sie nicht in einem Land aufgewachsen sein, in dem Hunger herrscht oder marodierende Banden Mitglieder Ihrer Familie ermordet oder Ihre Schwester vergewaltigt haben. Sie werden nachts in Ruhe geschlafen haben und nicht durch Bombenalarm aufgeschreckt sein. Sie werden nicht als Kind aufgewachsen sein, das mit seinen Eltern das Wohnhaus wieder aufbauen muss, weil es durch Raketen dem Erdboden gleichgemacht wurde. Sie werden nicht erlebt haben, dass Ihr

Vater wegen seiner Religion oder seiner politischen Auffassung gefoltert wurde.

Wir waren dieser Dynamik, die sich aus diesen Lebenserfahrungen ergibt, nicht ausgesetzt und es hilft nicht, darüber zu spekulieren, was wohl gewesen wäre, wenn ... Aber Ihr Leben mag auch ohne diese schrecklichen Erfahrungen nicht immer leicht gewesen sein. Gewalt in den unterschiedlichsten Ausprägungen kommt auch bei uns in vielen Familien vor und Schicksalsschläge wie Trennung, lebensbedrohliche Erkrankungen und Tod eines nahestehenden Menschen haben sicherlich viele von uns erlebt. All das hat uns zu dem gemacht, was wir sind. Begegnungen mit fremden Menschen können uns entscheidende Impulse geben. Ich bin darüber zum Yoga und zur Zen-Meditation gekommen. Manchmal reicht ein Buch, ein Satz daraus und es öffnet sich eine Tür in eine bis dahin unbekannte Richtung. Es ist wie ein Faden, den man in die Hand bekommt und ihn nicht wieder loslässt, sondern weiterverfolgt und dabei Entwicklungsschritte vollzieht, die nicht geschehen wären, wenn wir nicht, wie man sagt, am Ball geblieben wären.

Wir tragen Samen aller menschlichen Entwicklungsmöglichkeiten in uns und das Leben bringt uns an Orte, zu Menschen und in Situationen, die einen mächtigen Einfluss auf uns haben und ich weiß aus 30-jähriger psychotherapeutischer Erfahrung, dass es sehr schwer sein kann, sich aus traumatischen Lebenserfahrungen zu befreien bzw. sie so zu verarbeiten und zu integrieren, dass sie nicht zu sehr die eigene Lebensweise einschränken. Manchen Menschen, und davon gibt es viele, gelingt es nicht, so weit zu kommen. Sie sind an einer Stelle in ihrem Leben angekommen, der ihnen nur noch einen Schritt ermöglicht und das ist der Schritt in den Tod. Sich selbst ein Ende setzen. Es mag sein, dass eine Begegnung, eine Erfahrung dem Leben noch eine Wendung gegeben hätte, aber es hat sie nicht gegeben und dann ist im Denken kein Platz mehr für einen anderen Gedanken, außer sich das Leben zu nehmen. Ich sage das alles deshalb, um deutlich zu machen, dass ein Terrorist, wenn er denn mal so weit gegangen ist, keine Korrekturmöglichkeit mehr zur Verfügung hat. Es bleibt dann nur noch der Terroranschlag.

Wenn heute Wissenschaftler von ihrer Forschung so überzeugt sind, dass sie das einzig Richtige tun, dann bringt sie nichts davon ab, ihre Pläne weiterzuverfolgen.

Dies ist bei der embryonalen Stammzellenforschung so, bei der Implantationsdiagnostik und beim Versuch, Menschen zu klonen. Das ist ihr Standpunkt.

Sie als Leser mögen einen anderen Standpunkt haben. Unbeeindruckt von Einwänden und möglichen katastrophalen Szenarien bringt die jetzige japanische Regierung die Atommeiler wieder ans Netz, obwohl die Folgen des Super-GAU mit der Kernschmelze und die Mengen des täglich anfallenden radioaktiv verseuchten Kühlwassers noch keiner Lösung zugeführt sind. Der Standpunkt der betroffenen Japaner, die ihre Familien und Dörfer verloren haben, ist ein anderer. Der russische Regierungschef Putin ist so von der Aufnahme der ukrainischen Krim in die Russische Föderation dermaßen überzeugt, dass er alle weltweiten Proteste und die daraus entstehenden Nachteile in Kauf nimmt. Das ist ein Standpunkt, sein

Standpunkt. Und die europäischen Regierungschefs haben einen anderen Standpunkt, ihren Standpunkt. Und die chinesischen Regierungschefs haben Billionen Euros für sich, von der Bevölkerung erarbeitet, auf die schwarze Kante gebracht. Das ist ihr Standpunkt. Und der israelische Regierungschef Netanjahu lässt weiter Siedlungen in den besetzten palästinensischen Gebieten bauen. Das ist sein Standpunkt. Und die Weltöffentlichkeit protestiert zum hundertsten Mal und die Israelis bauen unbeeindruckt weiter.

Der amerikanische Präsident Obama lässt weiter die Welt und seine Verbündeten ausspionieren. Nach den neusten Meldungen ist es sogar möglich, alle Telefonate eines ganzen Staates abzuhören und zu speichern. Er tut es. Es ist sein Standpunkt. Und sie haben einen Standpunkt zur Speicherung von gewerbsmäßigen Nacktfotos von Kindern. Und Pädophile haben einen Standpunkt. Sie haben einen Standpunkt zur Todesstrafe, einige Regierungen amerikanischer Bundesstaaten setzen Menschen auf den elektrischen Stuhl. Das ist deren Standpunkt. Pharmaindustrieunternehmen wollen ihre Marktanteile vergrößern, die Konkurrenz abhängen und bringen mitunter Medikamente auf den Markt, die nicht genügend wissenschaftlich abgesichert sind und schwere Gesundheitsschäden beim Konsumenten hinterlassen wie das damalige Contergan. Es ist ihr Standpunkt. Usw. usw. usw. usw. und so weiter …

Sie und ich haben den Standpunkt, die Welt muss sich auf demokratische und friedvolle Weise entwickeln. Es ist, so hoffe ich doch, unser Standpunkt. Und der Terrorist, der sich und andere in die Luft sprengt, um Veränderungen herbeizuführen oder um einen Gottesstaat auf dieser Welt zu errichten, hat einen anderen Standpunkt, seinen Standpunkt.

Und bei aller Standpunkterei, um dem jetzt ein Ende zu setzen, vergleichen Sie bitte in Zahlen, wie viele Menschen Opfer dieser und jener unterschiedlichen Standpunkte schon geworden sind. Ist auch der Hintergrund für einen Standpunkt nachzuvollziehen, müssen wir doch deutlich und klar auf die Menschen mit »Liebender Güte« einwirken, damit sie eine Standpunkterweiterung verwirklichen, die zu Mitgefühl und friedvollem Miteinander führt.

Was müssen wir spüren, um einem anderen Menschen beizustehen, ihm zu helfen sein Leid zu lindern? Wann haben wir den Impuls dazu, ohne lange abzuwägen? Es ist dann der Fall, wenn wir erleben, dass der Mensch leidet, dass er sich auf seinem Lebensweg verirrt hat! Ein Kind, das weint, weil es hingefallen ist, eine alte Frau, die den Löffel nicht mehr zum Mund führen kann, ein Fremder, der sich nicht verständlich machen kann, führt uns dazu, einzuspringen, den Personen zur Seite zu stehen.

Wenn das so ist, dann ist es wichtig, dass wir unseren Blick auf das Leid der Menschen, der Terroristen, Politiker und Wirtschaftsbosse richten, die Gewalt leben. Sie leiden unter ihrem Hass, ihrer Unfähigkeit, sich mitfühlend zu verhalten, der Angst, unbedeutend zu sein, dem mangelnden Selbstwertgefühl und der fehlenden Verbindung zur ihrem göttlichen Ursprung. Richten wir unseren Blick nur auf die verabscheuungswürdigen Taten, dann entstehen neben dem Entsetzen sofort Wut und der Ruf nach Vergeltung.

Unser Schauen auf die Schattenseite der Person erweitert unseren Blickwinkel und wir sehen den Menschen ganzheitlicher. Wir können unter der Gesamtbetrachtung leichter den Weg des Mitfühlens, des Haltens und der Liebe gehen, als wenn wir nur auf die extreme Aggression schauen, die nicht mehr ist als Hilflosigkeit und Verzweiflung.

»Liebe mich, wenn ich es am wenigsten verdiene, weil ich es dann am meisten brauche!«

Ich weiß nicht mehr, wo mir dieser Satz begegnet ist, aber ich habe ihn mir gemerkt, da sich darin die Verirrung in der Gewalt, die absolute Hilflosigkeit, der Schrei nach Gesehenwerden, der Wunsch nach Halt und die übergroße Sehnsucht nach Liebe ausdrückt. Es ist für uns eine große Herausforderung. Wenn wir mit diesem Satz unser Leben durchleuchten, dann fallen mir zumindest einige Stellen ein, wo er auf mich zugetroffen hat.

Für das eigene Verstehen Ihres Lebens und das der Terroristen wäre es gut, auch Sie würden jetzt das Buch schließen und sich hinsetzen und mit offenem Herzen diesem Satz nachspüren. Eine Veränderung in unserem Leben beginnt nicht durch das Lesen eines Buches, sondern durch das innere Schauen auf die Wahrheiten, die sich in manchen Sätzen verbergen.

Und ich möchte nicht, dass Sie dieses Buch lesen und zu den anderen Büchern in Ihr Bücherregal stellen. Ich wünsche mir, dass es bei Ihnen Spuren hinterlässt, wie auch das Schreiben mich sehr mitgenommen hat. Manchmal weine ich voll Schmerz über das Unrecht, das Menschen erleben mussten und heute noch erleben, dann renne ich durch mein Zimmer und schreie meine Wut gegen die Barbaren heraus, die nur sich selbst und ihren Kontostand im Kopf haben und sich dick und dämlich am Leid anderer Menschen verdienen, dann weine ich vor Resignation, weil ich mir nicht denken kann, dass die Welt, wir, die Menschen, sich jemals ändern werden, dann kann ich nicht schlafen, weil das Unrecht dieser Welt mich nicht loslässt. Ein anderes Mal laufe ich durch die Wälder im Sauerland sehe die Bussarde am Himmel, bleibe stehen und lausche ihren Rufen, in denen Freiheit und Erhabenheit zum Ausdruck kommen, manchmal setze ich mich still auf einen Baumstamm und frage mich, wie ich so werden konnte, wie ich bin, manchmal danke ich Gott und der Welt für das Geschenk, dass ich gesund bin und keinem äußeren Leid ausgesetzt bin. An einem anderen Tag sehe ich meine Eltern sterben wie damals, danke ihnen, dass ich auf der Welt bin und manchmal bin ich sehr wütend auf sie, weil sie mich nicht gesehen haben und meine Mutter mich verdroschen hat.

Bei den täglichen kurzen Wanderungen durch die Natur setze ich mich auf einen Stein, verbinde mich mit meinem Atem, lasse meine Gedanken ziehen und verweile, bis ich mit allem auf der Welt eins geworden bin. Zu manchen Zeiten halte ich es nicht aus, dass Menschen wie du und ich ihre Gewalt nicht umwandeln können und ihr eigenes Volk auf Marktplätzen und Bushaltestellen in die Luft sprengen. Dann weine ich und könnte sie schütteln, damit sie wach werden und einen anderen Weg gehen. Täglich setze ich mich auf mein Meditationskissen, spiele etwas auf der Shakuhachi, der japanischen Bambusflöte, spüre, wie ich leer werde und die Töne meinem

Herzen guttun. Und wieder ein anderes Mal gedenke ich der großen Persönlichkeiten wie Gandhi, Martin Luther King, Nelson Mandela, dem Dalai Lama dafür, dass sie uns einen Weg aufgezeigt haben, der außerhalb von Gewalt und Krieg liegt, einen menschlichen Weg, den Weg des Mitgefühls und der Liebenden Güte, der es wert ist, dass wir ihn gemeinsam gehen, auch wenn er unermesslich schwer ist, weil die Welt, viele Politiker lieber ihrem inneren Schlachtruf folgen.

»Liebe mich, wenn ich es am wenigsten verdiene, weil ich es dann am meisten brauche!«

Nehmen Sie sich Zeit, in die Not des Menschen mit hinabzusteigen, der diesen Hilferuf in die Welt hinausschreit.

Es ist wichtig, den Terroristen das Gewehr und die Granate aus der Hand zu nehmen und sie zu begrenzen, aber ebenso notwendig ist es, den Kapitalhaien die Lizenz, den Patentrechtlern die Hände zu binden, die Rechte auf Wasser und Saatgut durchsetzen wollen, und den Pharmamultis ihre Patente zu nehmen, wenn sie verhindern, dass Staaten für die Heilung ihrer Kranken einen billigeren Impfstoff benötigen. Sind die einen innerlich besessen von Hass- und Mordgedanken, sind die anderen besessen von Geldgier und Machtstreben.

Beide töten Menschen, der eine direkt, vermummt, der andere indirekt, mit Krawatte und Anzug.

Wir dürfen nicht bei Schuldzuweisungen stehen bleiben. Den Finger in die Wunde der Gewalt legen heißt, allen Menschen Stütze sein, Hilfestellung geben und dabei müssen wir achtsam sein und nicht glauben, dass wir uns den Kräften des Marktes überlassen können, denn die Kräfte des Marktes sind auch die Kräfte herzloser, machtbesessener, gieriger, verblendeter Menschen, die nicht mehr in der Lage sind, den Menschen wahrzunehmen, der am Ende der Kette mit den Auswirkungen ihres Handelns überleben muss.

Wir benötigen keine NSA, die unangemessen jeden Menschen als Feind betrachtet und ausspäht. Was wir brauchen, ist ein unabhängiges Gremium bei den Vereinten Nationen, das Menschen, Regierungen, Parteien, Institutionen, Organisationen, Verbände, Vereine in einer Schwarze Liste führen, die aufgrund ihrer Grundsätze, ihrer Äußerungen, ihres Verhaltens Menschen diskriminieren, Rassismus fördern, Gewalt verherrlichen und Ausbeutung von Mensch und Natur zulassen. Die öffentliche Ächtung dieser Eingetragenen in der Schwarzen Liste könnte eine Unterstützung sein, den Weg in eine gerechtere und friedlichere Welt zu ebnen.

Ein weiteres Gremium halte ich für notwendig. Dem Gremium müssten Firmen ihre Produkte und Dienstleistungen zur Prüfung vorlegen und begründen, warum diese Produkte und Dienstleistungen für die Menschen vor Ort und für die dortige Natur sinnvoll wären und in welcher Weise die einheimische Bevölkerung in ihrer wirtschaftlichen und politischen Unabhängigkeit dadurch gestärkt würde.

Wer liegt nun bei all den Standpunkten, die auf dieser Welt möglich sind, falsch, und wer liegt richtig?

Und wer maßt sich an, zu wissen, was richtig und was falsch ist?

Wer will von sich behaupten, die letzte wissende Instanz zu sein, die richtet?

Wer frei ist von Schuld, werfe den ersten Stein!

Wer frei ist von Standpunkten, verurteile den Terroristen, der seinen Standpunkt lebt!

Was können wir tun?

Und in diesem Jahr 2014 spitzen sich die kriegerischen und terroristischen Konflikte auf dieser Welt zu und verlangen von uns, dass wir Stellung beziehen, damit durch unser Schweigen bei den benachteiligten Menschen auf dieser Erde und in unserer breiten Öffentlichkeit nicht der Eindruck entsteht, es gäbe nicht genügend Menschen, die gegen eine Radikalisierung der Waffen- und Kriegsbefürworter sind.

Was mir gerade noch einfällt und ich kurz erwähnen will. Ich verweigerte 1970 den Kriegsdienst. In der ersten Verhandlung vor dem Prüfungsausschuss in Bochum bin ich nicht anerkannt worden. Meine Ablehnung gegenüber einem Krieg ginge nicht über die eines normalen Bürgers hinaus, wurde mir gesagt. In der zweiten Verhandlung in Arnsberg wurde ich gefragt, was ich tun würde, wenn ich mit meiner Freundin (ich hatte damals eine Freundin) im Wald spazieren gehen würde und wir würden überfallen. Würde ich mich wehren?

Es gibt die individuelle Notwehr und sie hat eine andere Qualität als die einer Armee, in der das Töten von Menschen trainiert wird. Ich wurde anerkannt.

Also, wo immer Sie gerade wohnen, eine Stadt, ein Dorf, ich möchte Sie zum Schluss dieses Kapitels zu einer inneren

Klärung mitnehmen, was Ihre ganz persönliche Haltung zur Gewalt ist.

Stellen Sie sich bitte vor, Ihre Heimat würde von Kämpfern des IS bedroht und Sie wären nur noch einige Kilometer von Ihrem Haus entfernt. Was würden Sie unternehmen? …

Flüchten mit den notwendigsten Habseligkeiten wäre eine Möglichkeit …

Sich ergeben wäre eine andere Möglichkeit … Ob Sie trotzdem erschossen werden würden, wissen Sie nicht …

Bewaffnen könnten Sie sich, alleine oder mit anderen kämpfen … IS-Kämpfer töten …

Sie könnten sich mit anderen gewaltfreien Personen zusammentun und unbewaffnet mit weißen Tüchern den Kämpfern entgegentreten …

Wären Sie alleine ohne Kinder und Frau, wäre dies für Ihre Entscheidung eine andere Grundlage? …

Würden Sie alleinstehend nur die Verantwortung für sich selbst tragen, wie würden Sie sich jetzt verhalten? …

Hätten Sie Kinder, eine Frau oder beides an Ihrer Seite, was würden Sie nun tun? …

Beeinflusst Ihr Alter Ihre Entscheidung, wie Sie den Terroristen gegenübertreten würden? …

Macht es einen Unterschied, ob Sie Mann oder Frau sind? …

Nehmen Sie sich Zeit, soviel Sie wollen, um Ihre Antworten zu finden. Ich habe für mich gespürt, dass es mich fast überfordert, mich in diese schreckliche Lage einzufühlen. Es wühlt mich auf, lässt mich kaum still sitzen, schlägt mir auf den Darm.

Aber langsam bildet sich eine Haltung heraus, die von innen her sich klärt und festigt.

Ich würde mich unbewaffnet schützend vor meine Kinder und meine Frau stellen!

Ich würde sprechen, überzeugen wollen, bitten und betteln, um ihrer willen, damit sie nicht töten.

Wäre ich alleine, würde ich, ich bin mir jetzt unsicher, weglaufen, flüchten oder ihnen entgegentreten, ihr Anliegen verstehen wollend, aber nicht das Töten tolerierend.

Wahrscheinlich hinge es in diesem Moment von meinem Mut ab, ob ich flüchten würde oder stehen bliebe.

Es gibt an der katholischen Kirche in meinem Heimatdorf ein Kriegerdenkmal für die gefallenen Soldaten des Zweiten Weltkrieges. Eine kleine Kapelle, die trotz eines lang dauernden Widerstandes durch die dortigen Kriegsveteranen auf unermüdliche Überzeugungsarbeit durch die hiesige Friedensinitiative erweitert wurde. Seit einigen Jahren werden dort nun auch die Deserteure gewürdigt, die während ihres Kriegseinsatzes die Sinnlosigkeit und das große Leid des Krieges erkannt haben und desertiert sind.

Ich füge das deshalb an dieser Stelle ein, weil ich davon überzeugt bin, dass ein Mann, der nicht zur Waffe greift oder sie niederlegt, recht tut. Mittlerweile hören wir auch von Kämpfern des IS, die sich dem Töten verweigern und der sinnlosen Brutalität entsagen. Mögen noch viele Männer ihrem Beispiel folgen und den Mut haben, zu einem friedlichen Handeln zurückzukehren.

Was können wir jetzt in diesem historischen Moment tun?

Wir können uns daran orientieren, ob die Spuren unseres Handelns bei den Menschen, die davon betroffen sind, ihre Herzen berühren und sich dadurch ein Lächeln in ihr Gesicht zaubert!

Mögen wir und die Terroristen leben und gemeinsam Erkenntnis erlangen!

Nachtrag

Am 18. November 2014, an dem Tag, an dem ich dieses Buch abgeschlossen habe, höre ich abends in den Fernsehnachrichten über den schrecklichen Anschlag zweier junger Männer, die einer radikalpalästinensischen Splittergruppe angehören. Sie sind, und das hat es bisher in der gewaltvollen Auseinandersetzung zwischen Israelis und Palästinensern nicht gegeben, in eine Synagoge in Ostjerusalem eingedrungen und haben, mit Messern, Äxten und Pistolen bewaffnet, vier betende Israelis getötet und viele verletzt, bevor sie erschossen wurden.

Eine neue Dimension der Gewalt und vielleicht der Anfang einer dritten Intifada der Palästinenser. Ich bin entsetzt über dieses Attentat und fühle mich den Opfern und ihren Angehörigen verbunden. Das Attentat hätte es nicht geben dürfen.

Noch am Abend droht der israelische Ministerpräsident Netanjahu die Zerstörung der beiden Häuser der Attentäter an und wird weitere Maßnahmen beschließen, um sein Volk zu schützen. Die radikalpalästinensische Hamas im Gazastreifen feiert die beiden Attentäter als Märtyrer und ruft nach weiterer Gewalt.

Alle Beteiligten haben ihren Standpunkt und leben ihn aus und drehen damit weiter an der Spirale der Gewalt.

Die beiden jungen Männer kannten nur Gewalt und Unterdrückung und haben in ihrem ganzen Leben noch nie in Frieden gelebt, waren ohne Arbeit, ohne Perspektive und ohne Zukunft. Wozu dies führen kann, haben wir wieder einmal vor Augen geführt bekommen.

Wie könnte jetzt, ein Tag danach, ein anderer Weg begangen werden?

Aus meiner Sicht ist eine Veränderung in einer gewaltgeladenen, aussichtslosen Situation nur möglich, wenn der Starke, das übermächtige Israel auf weitere Gewalt verzichtet.

Netanjahu könnte für die ahnungslosen Opfer in der Synagoge beten und aus Mitgefühl für den verirrten Weg der Attentäter sie ins Gebet miteinschließen. Auch wenn ich mich wiederhole, aber die aktuelle Entwicklung schreit nur nach den nächsten Schritten. Netanjahu könnte gegen alle seine ultraorthodoxen Kräfte in seinem Land und wahrscheinlich auch gegen sein eigenes Rache- und Gewaltpotential den palästinensischen Staat sofort anerkennen!

Das Zweite wäre endlich die Zurückgabe der von Israel besetzten Gebiete an die Palästinenser. Das sind die Golanhöhen, der Gazastreifen und das Westjordanland einschließlich Ostjerusalem!

Und als Drittes könnte er den Siedlungsbau sofort stoppen und ohne jede Vorbehalte und Forderungen die Friedensgespräche wieder aufnehmen.

Dies wären historische Schritte der Stärke, der Weitsicht, des langersehnten Friedens und der Menschlichkeit!

Es wäre kein Nachgeben, keine Führungsschwäche, keine Feigheit, sondern ein bewundernswerter erster Schritt in eine friedliche Zukunft im Nahen Osten, der eines Friedensnobelpreises würdig wäre.

Es wäre gelebte »Liebende Güte«!

Leider ist es nicht so gekommen, die Häuser der Attentäter sind zerstört, und damit hat die israelische Regierung das bestehende Völkerrecht gebrochen.

Nachtrag II
Hilfreiche Gesten

Die Menschheit auf unserer Erde ist in ihrem organischen Zusammenspiel wie der menschliche Körper. Es gibt gesunde, funktionierende Stellen und Bereiche, die verschleißen, erkranken, Symptome bilden. Im Normalfall kümmert sich der Mensch um seine Erkrankungen und beschreitet einen Weg der Heilung. Die Wege mögen unterschiedlich sein, aber der Mensch ist bestrebt, sein Leiden zu beenden und alles zu versuchen, um in der Zukunft ein Leben in Gesundheit und körperlich-seelischem Einklang vollbringen zu können. Werden wir kreativ, um uns das Leid der Welt vor Augen zu führen.

Im Jugendstrafrecht gibt es die Praxis der Konfrontation, d. h., ein Täter, der jemandem Gewalt angetan hat, wird mit diesem Menschen in Kontakt gebracht, um das Leid wahrzunehmen, das er mit seiner Tat diesem Menschen zugefügt hat.

Im Übrigen hat die israelische Regierung unter Netanjahu im Januar 2015 beschlossen, die Steuern und Zölle einzubehalten, die den Palästinensern zustehen, weil Palästina dem Internationalen Gerichtshof beigetreten ist, und Netanjahu sagte daraufhin: »Wir werden nicht zulassen, dass israelische Soldaten und Kommandeure vor den Internationalen Gerichtshof in Den Haag gezerrt werden.« Das ist die Angst eines verantwortlichen Täters, sich mit der Wahrheit zu konfrontieren und für seine Taten Wiedergutmachung zu leisten.

Lernen wir von der Praxis der Konfrontation, da es eine gute Möglichkeit ist, das ansonsten abgeschottete Bewusstsein von Menschen zu erreichen, die durch ihr Verhalten anderen Menschen und der Natur unwiederbringlichen Schaden zufügen. So könnte ein Prozess des Erkennens und der Verhaltensänderung in Gang kommen.

Legen wir den Soldaten und insbesondere den kriegsverantwortlichen Politikern die verletzten, sterbenden Kinder, Frauen und Männer in die Arme, damit sie hinschauen müssen, was ihre Entscheidungen für Auswirkungen haben auf ihre Brüder und Schwestern auf dieser Welt.

Betten wir den Terroristen die verstümmelten Gliedmaßen der in die Luft gesprengten Brüder und Schwestern in ihre Schlafstätte, damit sie die Schreie der Toten hören und wach werden für einen mitfühlenden Weg.

Reichen wir den Meeresverschmutzern die ölverschmierten Meeresvögel und verendeten Fische auf ihren Tellern dar, damit sie ihr todbringendes Verseuchen der Meere schmecken.

Gießen wir den Atomstromverantwortlichen das verseuchte Wasser von Fukushima in ihre Gläser, damit sie das Aroma ihrer todbringenden Technologie schmecken.

Setzen wir den Getreidespekulanten an den Börsen in ihrem Viersternerestaurant verhungernde Menschen an den Tisch, damit sie die Auswirkungen ihres Handelns hautnah erleben.

Bringen wir die Straßenkinder dieser Welt in die Internatsschulen der Mächtigen und Reichen, damit sie lernen für alle Kinder zu sorgen.

Geben wir den Diktatoren des Finanzkapitalismus das zu essen, was denjenigen bleibt, die auf der Strecke geblieben sind, damit sich ihre Augen für die Not ihrer Mitmenschen öffnen.

Setzen wir die Bauern, die genmanipulierte Sorten auf ihren Äckern anpflanzen, neben die lächelnden Machtmanager der Saatgutkonzerne, damit sie erkennen, wer von dem Handel wirklich profitiert.

Streichen wir den industriellen Luftverpestern dieser Welt ihren Urlaub in unberührter Natur und lassen sie schlafen und spazieren gehen ohne Atemmasken unter den Dunstglocken in den Wohngebieten der Industrieanlagen, damit ihr Körper ihnen sagt, dass unzählige Menschen an ihren Schadstoffen erkranken.

Setzen wir die Hedgefonds-Manager in einen Sandkasten und geben wir ihnen etwas Spielzeug zum Weltgestalten und entziehen wir ihnen die Möglichkeit, mit dem Wohl der Menschen zu spekulieren.

Gestalten wir einen Austragungsort für hassverbohrte Politiker, dass sie dorthin ihre politischen Rivalen einladen können, um mit ihnen in spätpubertärer Weise ihre Konkurrenz-, Hass- und Neidgefühle auszutragen.

Laden wir Terroristen vor das Gremium der Vereinten Nationen ein, damit sie dort ihre Motivation für ihre Taten darlegen können, und hören wir ihnen unvoreingenommen zu und beraten wir mit ihnen, welche gewaltfreien Lösungen für die betroffenen Menschen am sinnvollsten wären.

Eine Träne

So lebst du deine Gewalt
und glaubst gar, du bist im Recht
Aber schau, die Träne, die aus den Augen rinnt
ist deine

So die Raupe dem Schmetterling
nicht entrinnen kann
und der Mond der Vollendung nicht entkommt
kämpfst und streitest du

Gegen wen

Es ist der andere nur in dir
sein Blut tropft aus deinen Adern
Kein Weg weit und breit
kann dich führen aus dem
Wir

Wir sind eins
Alles ist eins

Und wirst du dich wehren
mit Händen und Füßen
so gleitet doch deine Seele
zum Ende hin

in das warme Lachen
des »Alles ist eins«.

Wiewohl, du könntest jetzt
im Schlage innehalten
und dich in ihm
ganz sanft berühren

Die Erde aus dem Innern tief
würde beben und
eine Träne der Freude
still vergießen.

http://www.youtube.com/watch?v=FsxNW8oj2Jk

Weiterführende Literatur

Eugen Drewermann, *Krieg ist eine Krankheit, keine Lösung,* 2002
Meister Eckehart, *Der Weg der Meister I und II,* 1988
Giora Feidman, *Du gehst, du sprichst, du singst, du tanzt,* 2011
Papst Franziskus, *Enzyklika »Lumen Fidei«,* 2013
Johan Galtung, *Strukturelle Gewalt,* 1975
Mahatma Gandhi, *Mein Leben,* 1983
Stéphane Hessel, *Empört euch!,* 2010
Thich Nhat Hanh, *Aus der Tiefe des Verstehens die Liebe berühren,* 1996
Williges Jäger, *Suche nach der Wahrheit,* 1999
Jiddu Krishnamurti, *Die Wahrheit ist ein pfadloses Land,* 1996
Hans Küng, *Was ich glaube,* 2010
Hermann J. Mürmann, *Von der Respektlosigkeit über den Terrorismus zu Liebe und Frieden,* 2002
Hermann J. Mürmann, *Gleich einer Lilie – Gedichte und Kohlezeichnungen,* 2009
Hermann J. Mürmann, *Die zwölf Hindernisse auf dem Weg in eine beglückende Gegenwart,* 1998

Hinweis

Ich möchte noch auf einen besondern Menschen hinweisen, Giora Feidman. Er ist mehr als ein Musiker. Mit seiner Klarinette berührt er unsere verletzten Seelen. Er ist ein Botschafter der Versöhnung und des Friedens zwischen den Völkern und den Religionen.

Danksagung

Am Schluss möchte ich noch meinen Freunden Robert Hülsbusch und Wolfgang Elger für ihre bereichernde Unterstützung beim Schreiben des Buches von ganzem Herzen danken! Mein besonderer Dank gilt auch Elisabeth Schwarz für ihre engagierte Hilfe zur Fertigstellung des Buches.

Weitere Bücher von Hermann J. Mürmann erschienen im Verlag Edition-Dharma-Do

Aufrecht am Teiche …, Haiku und Kohlezeichnungen, 2005
Gleich einer Lilie, Gedichte und Kohlezeichnungen, 2009
Sternenstille, Gedichte und Kohlezeichnungen, 2010
Oliven Oliven ernten ist wie das Sammeln von Edelsteinen, deutsch/italienisch, 2010
Der Shakuhachi Meister, deutsch/japanisch, 2. Aufl., 2011
Das Lächeln der Madonna, autobiograhischer Roman, 2. Aufl. 2013

Als CD ist erschienen:
Gleich einer Lilie, Gedichte und Musik mit dem russischen Cellisten Anton Peisakov und dem Syxophonisten Jochen Schenken, 2010

Als Bilderbücher sind erschienen:
Elvira mit den roten Lackschuhen, 2003
Warum so hart kleiner Bär?, 2004
»Ich soll ein Regenwurm sein?« fragte sich der Regenwurm, 2004
Der Rabe, der kein Rabe sein wollte, 2005
Gabo findet Freunde (Fortsetzung vom kleinen Bären), 2008

In anderen Verlagen sind erschienen:
YOGA Reflexionen zur Wandlung …, Haag & Herchen Verlag, 1997

Der Weg des Zen, Die zwölf Hindernisse auf dem Weg in eine beglückende Gegenwart, Prinzipalverlag, 1998
Von der Respektlosigkeit über den Terrorismus zu Liebe und Frieden, Principal Verlag, 2002
Den letzten Apfel …, Haiku und Kohlezeichnungen, Edition Wendepunkt, 2002